完整的巴西鱼和海鲜食谱

100 种美味食谱供您享用

奥斯卡 大厅

版权所有。
免责声明

包含的信息旨在作为本电子书作者研究过的策略的综合集合。总结、策略、提示和技巧仅由作者推荐，阅读本电子书并不能保证您的结果与作者的结果完全一致。电子书的作者已尽一切合理努力为电子书的读者提供最新和准确的信息。作者及其同事对可能发现的任何无意错误或遗漏概不负责。电子书中的材料可能包含第三方提供的信息。第三方材料包括其所有者表达的意见。因此，电子书的作者不对任何第三方材料或意见承担任何责任或义务。

电子书版权所有 © 2022，保留所有权利。将本电子书的全部或部分内容重新分发、复制或创建衍生作品是违法的。未经作者书面许可和签字许可，不得以任何形式复制或转发本报告的任何部分。

介绍 ... 7

鲈鱼 ... 8

    1. 烤鲈鱼，巴西风味 ... 8
    2. 烤鲈鱼配酱汁 ... 10
    3. 鲈鱼配鹰嘴豆和薄荷 ... 12
    4. 石斑鱼配唐杜里酱 ... 14
    5. 玉米壳烤鲈鱼 ... 16
    6. 带香蒲芽的条纹鲈鱼 ... 18
    7. 虾酱条纹鲈鱼 ... 20

鳕鱼 ... 22

    8. 巴西鳕鱼饼 ... 22
    9. 巴西盐鳕鱼 ... 24
    10. 黑鳕鱼配橙子冰糕 ... 26
    11. PUTTANESCA 酱鳕鱼 ... 28
    12. 雨果的早餐鱼饼 ... 30
    13. 巴西渔夫炖菜 ... 32

沙丁鱼和鲭鱼 ... 34

    14. 烤沙丁鱼炖 ... 34
    15. 酿沙丁鱼 ... 36
    16. 魔鬼鲭鱼 ... 38

贻贝和蛤蜊 ... 40

    17. 巴西贻贝 ... 40
    18. 巴西海鲜砂锅 ... 42
    19. 巴西蛤蜊烘烤 ... 44
    20. 巴西炖蛤蜊 ... 46
    21. 巴西蒸蛤蜊 ... 48
    22. 藏红花贻贝奶油汤 ... 50
    23. RAZOR CLAMS A LA PLANCHA ... 52
    24. 冰鲜贝类配奶油蛋黄酱 ... 53
    25. 大西洋蒸软壳 ... 55

虾和大虾 ... 57

26. 巴西风味辣虾 57
27. 海鲜天妇罗 59
28. 虾饺面汤 61
29. 巴西炖海鲜 63

三文鱼 65

30. 三文鱼葡萄酒 65
31. 三文鱼和牛肝菌烤肉串 67
32. 烤野生帝王鲑 69
33. 枫糖浆鲑鱼排 71
34. 三文鱼玉米浓汤 73
35. 莳萝腌三文鱼 75
36. 新鲜大西洋三文鱼炒 77
37. 烤三文鱼配薄饼 79
38. 三文鱼香辣椰子汤 81
39. 哥伦比亚河奇努克 83

酸橘汁腌鱼 85

40. 鳄梨和扇贝酸橘汁腌鱼 85
41. 湾扇贝酸橘汁腌鱼 87
42. 酸橘汁腌鱼 89
43. 芒果金枪鱼酸橘汁腌鱼 91
44. 扇贝酸橘汁腌鱼 93
45. 金枪鱼生牛肉片夏季酸橘汁腌鱼 95
46. 芥末酸橘汁腌鱼沙拉 97
47. 尤卡坦风味酸橘汁腌鱼 99
48. 鳄梨安康鱼酸橘汁腌鱼 101

鱿鱼和章鱼 103

49. 炸鱿鱼 103
50. 五香章鱼沙拉配欧芹 105

金枪鱼 107

51. 熏金枪鱼配柚子酱 107
52. 金枪鱼烤肉串 109
53. 金枪鱼排和血橙 111

- 54. 烤金枪鱼汉堡 113
- 55. 薄荷金枪鱼生牛肉片 115
- 56. 百香果腌金枪鱼 117

生蚝 119
- 57. 牡蛎酱木兰 119
- 58. 生姜蚝汤 121
- 59. 生蚝炖汤 123
- 60. 香槟沙巴雍牡蛎 125

龙虾、扇贝和螃蟹 127
- 61. 龙虾番茄浓汤 127
- 62. 蟹玉米汤 129
- 63. 蟹与火箭 131
- 64. 蜘蛛蟹茴香汤 133
- 65. 生菜咖喱蟹 135
- 66. 熟食蟹三明治 137
- 67. 炸扇贝,巴西风味 139

鱼 141
- 68. 巴西香肠酿 UHU 141
- 69. 巴西唯一烤鱼片 143
- 70. 鱼群 145
- 71. 经典鱼汤与 ROUILLE 147
- 72. 巴西酱箭鱼 149
- 73. 用羽衣甘蓝包裹的鲶鱼 150
- 74. 翻车鱼第戎 152
- 75. 烤蝴蝶鳟鱼 154
- 76. 红酒汁虹鳟鱼 156
- 77. 芥末酱熏鳟鱼 158
- 78. 血橙烤鲈鱼 160
- 79. 葡萄烤大眼鱼 162
- 80. 大眼薯饼 164
- 81. 花生腌安康鱼 166
- 82. MONKFISH-柿子口袋 168
- 83. 海鲜烤银鱼 170

84. 椰奶烤大比目鱼...172
85. 柠檬冰糕-上釉鲯鳅...174
86. 罗非鱼和咖啡屋馅...176
87. 咖喱烤鲳鱼...178
88. 番茄罗勒蓝鱼..180
89. 羊肚菌烤鲥鱼..182
90. 烟熏鲥鱼子...183
91. 烟熏鲥鱼配西班牙凉菜汤......................................186
92. 茶叶——烟熏红鲷鱼...188
93. 茴香熏黄尾鱼..190
94. 烟熏黄花鱼...192
95. 与藏红花和苏丹娜一起滑冰...................................194
96. 约翰多利杂烩..196
97. 柠檬鳗鱼..198
98. 黑线鳕班尼迪克蛋..200
99. 日式生姜鱼饼..202
100. 烤大比目鱼片..204

结论..206

介绍

巴西美食是受葡萄牙、非洲、美洲原住民、西班牙、法国、意大利、日本和德国的影响而发展起来的。它因地区而异，反映了该国本土和移民人口的混合，以及其大陆规模。这创造了以保留地区差异为标志的民族美食。巴西是南美洲和拉丁美洲地区最大的国家。按地理面积和人口计算，它是世界第五大国家，拥有超过 202,000,000 人。

与葡萄牙密切相关，葡萄牙一直与大海有着密切的联系；看到巴西在其传统美食中如此大量地采用海鲜和鱼类，这并不奇怪。巴西在这一类别中脱颖而出的菜肴之一是 Moqueca，它是炖鱼的总称，如今已演变成许多不同的菜肴……巴西的许多地区都创建了自己的 Moqueca 版本，基于该地区每个海岸线上的天然鱼类。

巴西可能以其牛肉、烧烤和慢煮炖菜而闻名，但该国仍然拥有超过 5,000 英里的海岸线和广阔的亚马逊河系统，这些水系提供了通往多产的海洋和淡水渔场的通道。因此，红鲷鱼、鳕鱼和斯诺克鱼等鱼类在国民饮食中占有重要地位。然而，与所有巴西美食一样，该国广大地区的差异很大。

鲈鱼

1. 烤鲈鱼，巴西风味

产量：1份

成分

- 3磅鲈鱼鱼片，1英寸厚
- 1茶匙盐
- 2汤匙面粉
- 2个中等大小的洋葱片
- ¼杯橄榄油
- ⅓杯白葡萄酒醋
- 3瓣大蒜，捣碎或剁碎
- 1茶匙准备好的黄芥末
- 2汤匙干欧芹

- 1 汤匙新鲜柠檬汁
- $\frac{1}{4}$ 杯干白葡萄酒
- $\frac{1}{4}$ 茶匙香菜粉

a) 给鱼撒盐；轻轻撒上面粉。将鱼放入浅 8*12" 烤盘中。在煎锅中用橄榄油炒洋葱直到变软；放在鱼上。混合酒醋、大蒜、牛至和芥末、欧芹、香菜和柠檬汁；搅拌均匀，倒在鱼上.

b) 把酒倒在鱼身上；烘烤，裸露的，在 350 个烤箱中烘烤约 45 分钟。可以使用鳕鱼或大比目鱼。

2. 烤鲈鱼配酱汁

产量：4份

成分

- 4小整条鲈鱼
- 4汤匙橄榄油；分为
- 本质
- ½杯切碎的洋葱
- 1杯去皮；去籽，切碎的罗马番茄
- ⅓杯去核黑橄榄
- 1杯新鲜蚕豆；变白，去皮
- 1汤匙蒜末
- 2茶匙切碎的凤尾鱼片
- 1汤匙切碎的新鲜欧芹
- 1汤匙切碎的新鲜罗勒

- 1 汤匙切碎的新鲜百里香
- 1 汤匙切碎的新鲜牛至
- ½ 杯白葡萄酒
- 1 块黄油；切成汤匙
- 1 盐；去尝尝
- 1 个现磨黑胡椒；去尝尝
- 2 汤匙切碎的欧芹

a) 预热烤架。用一把锋利的刀，在每条鱼上斜切三个斜线。用 2 汤匙橄榄油擦每条鱼，并用 Emeril's Essence 调味。将鱼放在热烤架上，每边烤 4 到 5 分钟，具体取决于每条鱼的重量。在炒锅中，加热剩余的橄榄油。当油热时，将洋葱炒 1 分钟。加入西红柿、黑橄榄和蚕豆。用盐和胡椒调味。炒 2 分钟。

b) 加入大蒜、凤尾鱼、新鲜香草和白葡萄酒。把液体煮沸，然后用文火炖。炖 2 分钟。

c) 加入黄油，一次一汤匙。

3. 鲈鱼配鹰嘴豆和薄荷

- 2 片 12 英寸见方的重型铝箔
- 1 汤匙橄榄油
- 2 磅鲈鱼鱼片
- 1 杯薄荷叶，洗净去梗
- 1 个中等番茄，厚片
- 1 个小甜白洋葱，切成薄片
- ½ 杯煮熟的鹰嘴豆
- 1 茶匙孜然粉
- ½ 茶匙香菜粉
- ¼ 茶匙辣椒
- ¼ 茶匙肉桂粉
- 盐和现磨黑胡椒

a) 预热烤架。

b) 铺一张箔纸,刷上油,然后将鲈鱼片放在上面。将薄荷叶、番茄、洋葱、鹰嘴豆、孜然、香菜、辣椒、肉桂、盐和胡椒分层,以在鱼片上调味。

c) 将箔纸包裹在各层周围并在顶部卷曲在一起。将第二张箔纸包裹在第一张箔纸上,但在底部卷曲在一起。这形成了一个安全的小包,可以在其中蒸鲈鱼和其他成分。

d) 把包放在烤架上,煮 6 到 8 分钟。转身再煮 4 到 5 分钟,或者直到鱼摸起来很硬。

e) 将包装从火上移开,打开箔纸,然后上桌。

4. 石斑鱼配唐杜里酱

- 1杯纯酸奶
- $\frac{1}{4}$ 杯粗切鲜姜
- 4-5 根葱,去皮并粗切(包括除 $\frac{1}{2}$ 英寸以外的所有蔬菜)
- 6-8 瓣大蒜,去皮
- 2 汤匙唐杜里粉
- $\frac{1}{2}$ 个柠檬汁(约 $1\frac{1}{2}$ 汤匙)
- $\frac{1}{2}$ 茶匙海盐
- 4 片 12 英寸 x 18 英寸重型铝箔
- 2 磅石斑鱼片,切成四等份

a) 预热烤架。

b) 将酸奶、生姜、大葱、大蒜、唐杜里粉、柠檬汁和盐放入食品加工机的碗中搅拌 1 分钟。刮下侧面并打成泥 30 秒，或直至混合。搁置。

c) 用橡皮刮刀将酱汁从处理器碗中取出，然后在每片鱼片的两面充分揉搓。把鱼片放在箔纸上，用勺子舀剩下的酱汁在上面，折叠在铝上，紧紧地卷起来形成牢固的密封。

d) 将袋子放在烤架上煮 5 分钟；转身再煮 5 分钟，或者直到鱼片摸起来很硬。

e) 将袋子从热源中取出，让客人打开并发现他们的热气腾腾的晚餐。

5. 玉米壳烤鲈鱼

- 2耳新鲜玉米
- 2磅小嘴鲈鱼片,切成四块
- 4汤匙无盐黄油,切成块
- 1个柠檬汁(约3汤匙)
- 盐和现磨黑胡椒
- 柠檬片

a) 预热烤架。

b) 小心剥去玉米壳并放在一边。把每根棒子上的所有丝绸都拉下来。

c) 将玉米棒直立，用锋利的刀向下切，成排切掉玉米。把玉米棒子扔掉，把切好的玉米放在一边。

d) 每个鱼片摊开并压平两到三个果壳。在叶子上撒上一层玉米，并在与果壳成直角的地方放一条鱼片，每个"包"的顶部都有一个。

e) 用剩下的玉米盖住鱼片。用大块黄油点玉米。

f) 在每个鱼片上撒上柠檬汁，用盐和胡椒调味。

g) 将外壳折叠在包装顶部的所有侧面（形成信封形状）并用牙签固定。

h) 放在烤架上大约 6 分钟；用抹刀小心转动，再煮 6 分钟，或直到外壳稍微烧焦。

i) 立即与柠檬角一起食用。

6. 带香蒲芽的条纹鲈鱼

- 8-10 香蒲芽，去除绿色顶部
- 6-8 个羊肚菌，清洗和修剪
- $\frac{1}{2}$ 杯橄榄油加 1 汤匙
- $\frac{1}{2}$ 杯新鲜百里香，去梗和清洁
- $\frac{1}{2}$ 茶匙盐
- 1 茶匙现磨黑胡椒
- $1\frac{1}{2}$ 磅条纹鲈鱼片
- 盐和现磨黑胡椒
- 2 汤匙黄油
- 1 个小柠檬汁

a) 预热烤架。

b) 从香蒲上取下坚硬的外层，像切大葱一样斜切。搁置。

c) 在一个小碗中混合 $\frac{1}{2}$ 杯油、百里香、盐和胡椒粉。

d) 用抹油刷或勺子涂上鲈鱼片并将其转移到烤架上。

e) 与此同时，在平底锅中用中火加热黄油和剩余的 1 汤匙油。将羊肚菌炒 3 到 4 分钟，直到蘑菇变软。加入香蒲片，降低热量，再煮 2 到 3 分钟。减少热量并保持温暖。

f) 每边烤鲈鱼 4 到 5 分钟

g) 分成四份，放在温暖的盘子上。将羊肚菌和香蒲舀到鲈鱼旁边。将柠檬汁淋在鲈鱼上，加盐和胡椒调味。立即上菜。

7. 虾酱条纹鲈鱼

- 1个大甜白洋葱,切碎
- 3-4瓣大蒜,去皮
- 2茶匙切碎的新鲜生姜
- 1茶匙辣椒粉
- $2\frac{1}{2}$ 汤匙菜籽油
- $1\frac{1}{2}$ 磅条纹鲈鱼片
- 1个中等大小的番茄,切丁
- 1汤匙虾酱
- $\frac{1}{2}$ 个柠檬汁(约 $1\frac{1}{2}$ 汤匙)
- 煮熟的白米饭

a) 将洋葱、大蒜、生姜和辣椒粉在食品加工机的碗中脉冲五到六次。刮掉侧面并打成泥1到2分钟,或直至光滑。

b) 在中等煎锅中用中高温加热油。加入捣碎的原料,搅拌,将火调小,煮约15分钟,盖上盖子,不时搅拌,直至变稠。

c) 同时,预热烤架。

d) 将鱼片放在涂了油的炉排上,煮 3 到 4 分钟。转动并再煮 4 到 5 分钟,或直到变硬。移到烤架的加热架上。

e) 将西红柿放入煎锅中,煮 3 至 4 分钟,加入虾酱,搅拌 1 分钟。

f) 把鱼片转移到锅里,把酱汁舀在上面。在上面淋上柠檬汁,盖上 1 到 2 分钟,然后从火上移开。

g) 将鱼分成四份,用勺子舀在每份上,然后立即与白米饭一起食用。

h) 服务 4

鳕鱼

8. 巴西鳕鱼饼

产量：1 份

成分

- 10 盎司盐鳕鱼；厚切
- 8 盎司粉状土豆
- 黄油
- 牛奶
- 3 汤匙（堆）欧芹
- 1 汤匙（堆积）薄荷；切碎的
- 现磨黑胡椒
- 3 个鸡蛋；分开的
- 1 汤匙港口
- 油炸用油

a) 排干鳕鱼,用冷水冲洗干净。

b) 在平底锅中盖上淡水,煮沸并炖 20 分钟或直到鳕鱼变软。当鳕鱼在煨煮时,将土豆带皮煮熟,然后用黄油和牛奶去皮并捣碎。鳕鱼准备好后,将其彻底沥干并去除鱼皮和骨头。

c) 用几把叉子把鳕鱼切碎。加入奶油土豆、欧芹、薄荷、胡椒和蛋黄,以及波特酒。充分混合。将蛋白搅打至变硬,然后拌入鳕鱼混合物中。取一块混合物,大约有一个小鸡蛋大小,然后在手中塑造成鱼雷形状。

d) 在 375 度的油中炸至酥脆并呈棕色。用纸巾吸干水分,趁热食用。

9. 巴西盐鳕鱼

产量：4 份

成分

- 1.5 磅至 2 磅浸泡过的干鳕鱼
- 2 个大洋葱，切片
- 6 汤匙黄油
- 1 瓣大蒜，切碎
- 3 个大土豆
- 2 汤匙面包屑
- 10 颗去核的绿橄榄
- 10 黑橄榄
- 4 个熟鸡蛋
- ½ 杯切碎的新鲜欧芹
- 酒醋
- 橄榄油

- 新鲜黑胡椒粉

a) 将鳕鱼放入平底锅中,加入足够的冷水覆盖。煮滚。

b) 用叉子把肉切成大块。用 3 汤匙黄油炒洋葱,直到洋葱变软呈金黄色。加入大蒜。将未去皮的土豆在盐水中煮沸。当它们变软(大约 20 分钟)时,从火上移开,放在冷的自来水下,然后去除皮肤。沥干并切成 1/4 英寸的小块。

c) 将烤箱预热至 350 华氏度。用剩下的 3 汤匙黄油在 1.5 夸脱的砂锅上涂上油脂。安排一层一半的土豆,然后是一半的鳕鱼,然后是一半的洋葱。撒上少许胡椒粉,重复分层。将面包屑撒在顶层。

d) 烘烤 15 分钟,或直至热透并呈浅棕色。

10. 黑鳕鱼配橙子冰糕

- 1.5 杯橙子冰糕
- $\frac{1}{2}$ 杯切碎的新鲜薄荷
- 1 个大橙汁（约 $\frac{1}{2}$ 杯）加上果皮（约 2 汤匙）
- 1.5 磅黑鳕鱼片

a) 预热烤架。

b) 在一个 4 夸脱的平底锅中用中高温融化冰糕。

c) 加入薄荷、橙汁和一半的果皮。将热量降低至中火并在未覆盖的情况下煮 7 至 8 分钟，或直至减少三分之一。放在一边冷却。

d) 把鱼片放在一个浅容器里，把酱汁舀在上面；转动并彻底涂上。冷藏 30 分钟。

e) 从腌料中取出鱼片并转移到烤架上。煮 4 分钟。转动并在上面刷上额外的腌料。再煮 4 分钟，或者直到鱼被戳时稍微变软。

f) 分成四等份，用剩余的橙皮装饰，即可食用。

服务 4

11. Puttanesca 酱鳕鱼

- 2 片重型铝箔，每片 12 英寸见方
- 2 磅鳕鱼片
- 1 汤匙橄榄油
- 2 根韭菜，绿色的茎切掉，切成薄片
- 1 个中等大小的番茄，切丁
- ¼ 杯香槟（或干白葡萄酒）
- 8-10 颗卡拉马塔橄榄，去核并切片
- 3-4 瓣大蒜，切碎
- 2 汤匙刺山柑
- 1 茶匙新鲜牛至
- 1 茶匙香醋
- 1 茶匙现磨黑胡椒
- 盐

a) 预热烤架。

b) 把鳕鱼放在箔纸上，刷上油，然后在上面铺上韭菜、番茄、香槟、橄榄、大蒜、刺山柑、牛至、醋、胡椒和盐调味。

c) 紧紧地卷曲周围的箔片。将第二张箔纸包裹在包装上，将其压在另一侧。确保数据包是安全的。把它直接放在烤架上加热。煮 8 到 10 分钟；转身再煮 3 到 4 分钟。打开包装，将刀尖插入鱼片。如果感觉牢固，就完成了。

d) 从火上移开，揭开盖子，把盘子放到一个大盘子里。

服务 2-4

12. 雨果的早餐鱼饼

服务 4

- 400 克（14 盎司）面粉主作物土豆，煮熟
- 300 克（11 盎司）鳕鱼片
- 225 毫升（8 液量盎司）全脂牛奶
- 1 条柠檬皮
- 1 片月桂叶
- 40g (1½oz) 黄油
- 2 茶匙橄榄油
- 1 个小洋葱，切碎
- 一把欧芹
- 1 茶匙新鲜柠檬汁
- 25 克（1 盎司）普通面粉
- 1 个大鸡蛋，打散
- 100 克（4 盎司）新鲜白面包屑

a) 将鱼、牛奶、柠檬皮、月桂叶和一些黑胡椒放入锅中。盖上盖子，煮沸，煮 4 分钟或直到鱼刚刚煮熟。

b) 在一个中等大小的平底锅中融化 15 克（½ 盎司）黄油，加入 1 茶匙橄榄油和洋葱，轻轻煮 6-7 分钟，直至变软、呈半透明但不呈棕色。加入土豆泥，让它们热透；然后加入鱼、欧芹、柠檬汁和 2 汤匙水煮牛奶，搅拌均匀。

c) 将鸡蛋放入一个浅盘中，将面包屑放入另一个盘中。用微湿的手，将面粉中的混合物制成八个约 1 厘米（½ 英寸）厚的鱼饼。将它们浸入打好的鸡蛋中，然后浸入面包屑中，放在烤盘上，在冰箱中冷藏 1 小时（或最好过夜）。

d) 在不粘锅中加热剩余的黄油和最后一茶匙油，直到黄油融化，加入鱼饼，然后将它们每面轻轻煎约 5 分钟，直至金黄。

13. 巴西渔夫炖菜

产量：6 份

成分

- 3 个洋葱，切片
- ½ 茶匙大蒜，切碎
- 2 汤匙人造黄油
- 16 盎司白豆，沥干
- 2 夸脱水
- 2 片月桂叶
- 16 盎司鸡汤
- 16 盎司炖西红柿

- 1½ 茶匙百里香
- 1 磅白鱼
- ¼ 杯柠檬汁
- ½ 杯水

a) 在一个大汤锅里，用人造黄油煮洋葱和大蒜，直到洋葱变透明，大约 5 分钟。加入豆子、2 夸脱水、月桂叶、鸡汤、西红柿和百里香。煮滚；减少热量并炖 30 分钟。

b) 在一个单独的煎锅中，用柠檬汁和 ½ 杯水将鱼煨至鱼片很容易用叉子剥落，5-10 分钟。

c) 沥干柠檬水；食用前将鱼加入炖煮并彻底加热。

沙丁鱼和鲭鱼

14. 烤沙丁鱼炖

产量：4份

成分

- 4汤匙橄榄油
- 1杯切碎的洋葱
- 2片月桂叶
- 1盐；去尝尝
- 1个现磨黑胡椒；去尝尝
- ½磅香肠；切成1/4厚
- 12个完整的蒜瓣；去皮·变白
- 1杯去皮；去籽、切碎的新鲜汤姆
- ½磅新土豆；四分卫
- 2茶匙切碎的新鲜百里香叶
- 2茶匙切碎的新鲜罗勒

- 2 茶匙切碎的新鲜欧芹叶
- 1 夸脱鸡汤
- 16 条新鲜沙丁鱼
- 16 个木串；浸泡在水中

a) 在一个大平底锅中，用中高温加热 2 汤匙油。当油热时，加入洋葱。用手将月桂叶压在洋葱上。用盐和胡椒调味。

b) 炒 8 分钟。加入香肠，继续煮 2 分钟。加入蒜瓣和西红柿。用盐和胡椒调味。炒 2 分钟。加入土豆和香草。

c) 加入鸡汤，将液体煮沸。把沙丁鱼和剩下的橄榄油一起搅拌。用盐和胡椒调味。在每个木串上串四个沙丁鱼。将烤肉串放在烤架上，每边煮 2 分钟。

d) 从烤架上取下。为了服务，把炖菜舀在每个浅碗的中央。将一串沙丁鱼放在炖菜上即可食用。

15. 酿沙丁鱼

- 14 大（或 20 小沙丁鱼）
- 14-20 片新鲜月桂叶
- 1 个橙子，纵向减半，然后切片
- 馅料
- 50 克（2 盎司）葡萄干
- 4 汤匙特级初榨橄榄油
- 1 个洋葱，切碎
- 4 瓣大蒜，切碎
- 一撮碎干辣椒
- 75g（3oz）新鲜白面包屑
- 2 汤匙新鲜切碎的平叶欧芹
- 15 克（½ 盎司）橄榄油鳀鱼片，沥干
- 2 汤匙小刺山柑，切碎
- ½ 个小橙子的皮屑，加上橙汁
- 25 克（1 盎司）磨碎的山核桃或帕尔马干酪

- 50 克（2 盎司）松子，稍微烤一下

a) 对于馅料，将醋栗盖在热水中，静置 10 分钟以使其饱满。在煎锅中加热油，加入洋葱、大蒜和碎干辣椒，轻轻煮 6-7 分钟，直到洋葱变软但不变成褐色。把锅从火上移开，加入面包屑、欧芹、凤尾鱼、刺山柑、橙皮和果汁、奶酪和松子。将黑醋栗沥干并搅拌，然后用盐和胡椒调味。

b) 沿着每条沙丁鱼的头端舀入大约 1.5 汤匙的馅料，然后将它们卷向尾部。将它们紧紧地装入涂油的浅烤盘中。

c) 用盐和胡椒粉轻轻地给鱼调味，再淋上一点油，烤 20 分钟。在室温下食用，或冷作为各种开胃菜的一部分。

16. 魔鬼鲭鱼

服务 4

- 4 鲭鱼，清洗和修剪
- 40g (1½oz) 黄油
- 1 茶匙细砂糖
- 1 茶匙英式芥末粉
- 1 茶匙辣椒
- 1 茶匙辣椒粉
- 1 茶匙香菜粉
- 2 汤匙红酒醋
- 1 茶匙现磨胡椒
- 2 茶匙盐
- 薄荷番茄沙拉
- 225 克（8 盎司）成熟的小番茄，切片
- 1 个小洋葱，减半并切成薄片
- 1 汤匙新鲜切碎的薄荷
- 1 汤匙新鲜柠檬汁

a) 在一个小烤盘中融化黄油。从火上移开，加入糖、芥末、香料、醋、胡椒和盐，搅拌均匀。将鲭鱼加入五香黄油中，翻动一到两次，直到充分涂抹在混合物中，也将一些涂抹在每条鱼的腔中。将它们转移到涂了少许油的烤盘或烤盘的架子上，每边烤4分钟，直到煮熟。

b) 与此同时，做沙拉时，将切好的西红柿、洋葱和薄荷放在四个盘子上，然后在各层上撒上柠檬汁和一些调味料。把煮熟的鲭鱼放在一边上菜，如果你愿意的话，还可以加些炸土豆片。

贻贝和蛤蜊

17. 巴西贻贝

产量：3 份

成分

- 1½ 公斤贻贝
- 4 葱切碎
- 1 蒜瓣切碎
- 2 汤匙橄榄油
- 3 茶匙黄油
- ⅔ 杯干白葡萄酒
- ⅓ 杯水
- 3 茶匙切碎的欧芹
- 2 枝新鲜百里香或一小撮干百里香

- 2 月桂叶
- ½ 茶匙黑胡椒粉
- 125 毫升鲜奶油
- 额外切碎的欧芹
- 柠檬宿舍

a) 如果贻贝壳破裂或破损，请将其丢弃。如果任何贻贝稍微张开，请用力敲击，如果它们没有闭合，请丢弃。

b) 用橄榄油和黄油将大蒜和红葱轻轻煎至透明但不变色。加入酒、水、欧芹、百里香、月桂叶、胡椒和贻贝。把奶油倒在上面。

c) 盖上锅盖，大火烧开，蒸 4 分钟左右，不停摇晃锅。贻贝煮熟时贝壳会打开。

18. 巴西海鲜砂锅

产量：4 份

成分

- ½ 杯橄榄油
- 250 克猪肉丁
- 2 个洋葱；切碎的
- 2 个西红柿；去皮切碎
- 2 棒 cabanossi；切片
- 2 瓣大蒜；碎
- 3 杯 Sunlong 长粒米
- 2 杯水
- 1 杯白葡萄酒
- ¼ 茶匙藏红花
- 2 茶匙热水
- 500 克青虾；去皮去肠
- 500 克贻贝；去除了胡须

- 2 个鱿鱼罩；切片
- $\frac{1}{2}$ 杯冷冻豌豆

a) 在一个大煎锅中加热一半油。将猪肉、洋葱、西红柿、卡巴诺西和大蒜炒 3 分钟。移到盘子里。

b) 在同一个锅中加热剩余的油。炒顺龙长粒米 1 分钟。加入水、酒和混合的藏红花和热水。煨，裸露，5 分钟。

c) 加入海鲜和猪肉混合物。煨，覆盖，5 分钟，偶尔搅拌。再炖 5 分钟，不盖盖子。搅拌豌豆。

d) 再炖 5 分钟或直到所有液体被吸收并且米饭变软。

e) 将砂锅菜与绿色沙拉和硬皮面包一起上桌。

19.巴西蛤蜊烘烤

产量：4份

成分

- 4个小红薯
- ½磅香肠；切片
- 4条早餐香肠
- 4个热狗
- 4个洋葱；去皮
- 2穗甜玉米；脱壳的，破碎的
- 2片月桂叶
- 盐调味
- 现磨黑胡椒;去尝尝
- 碎红辣椒片；去尝尝
- 2夸脱蒸笼；（软蛤蜊）
- 3汤匙切碎的葱
- 3汤匙切碎的欧芹；装饰用

a) 在一个大锅里混合土豆、香肠、热狗、洋葱、玉米和月桂叶。盖上大约 3 夸脱的冷水，用盐、胡椒和碎红辣椒调味。

b) 煮沸，减少热量并炖 20 分钟。加入蛤蜊，盖上盖子煮至打开，大约 15 分钟。你可以直接从桌上的锅里端上来。

20. 巴西炖蛤蜊

产量：4 份

成分

- 2 杯新土豆；切成四等份，煮熟
- 1 汤匙橄榄油
- 1 磅香肠；大约 4 个链接
- ⅔ 杯洋葱；切碎的
- ¼ 杯香菜；切碎的
- 2 汤匙大蒜；剁碎
- 2 汤匙青葱；剁碎
- 2 杯土豆；中等骰子
- 2 茶匙盐
- ½ 茶匙 碎红辣椒
- 1 茶匙黑胡椒
- 4 杯虾汤
- 48 只小蛤蜊；擦洗

- 1 杯意大利李子西红柿；去皮
- ½ 杯大葱；切碎的
- 2 茶匙精华
- ¾ 杯烤大蒜蒜泥蛋黄酱
- 12 片硬皮面包
- 2 汤匙欧芹；切碎的

a) 将烤箱预热至华氏 375 度。在炒锅中，加热橄榄油。当锅冒烟时，加入香肠。把香肠烤 2-3 分钟。

b) 加入洋葱、香菜、大蒜、青葱、土豆、盐、碎红辣椒、黑胡椒和虾酱。煮滚。加入蛤蜊、西红柿、大葱和香精。盖上炒锅，用大火煮至所有蛤蜊都打开，大约 5 分钟。从热源中取出。面包丁：将 1 汤匙蒜泥蛋黄酱涂抹在每片面包上。

c) 烤 2-3 分钟或直到金黄色。把炖菜放在一个浅碗里，和面包丁一起上桌。用切碎的欧芹装饰。

21. 巴西蒸蛤蜊

产量：2 份

成分

- 2 盎司煮火腿；切碎
- ¼ 杯切碎的葱
- 2 个蒜瓣；剁碎
- ½ 茶匙干辣椒片
- 3 汤匙橄榄油
- ½ 杯干白葡萄酒
- ½ 红甜椒；切碎
- 18 个小硬壳蛤蜊
- 1 汤匙新鲜柠檬汁；加
- 2 茶匙新鲜柠檬汁；或品尝
- ⅓ 杯子切碎的新鲜芫荽叶

a) 在水壶中，用中低火在油中煮火腿、小葱、大蒜和红辣椒片，搅拌 3 分钟，加入葡萄酒、甜椒和蛤蜊，然后将混合物蒸熟，盖上盖子，5 分钟，或者直到蛤蜊开始打开。

b) 用钳子将蛤蜊打开时转移到 2 个加热的碗中，盖上盖子，继续蒸未打开的蛤蜊，摇晃水壶并在蛤蜊打开时转移，最多 10 分钟

c) 把水壶从火上移开，把柠檬汁和香菜搅拌到肉汤里，把肉汤倒在蛤蜊上。

22. 藏红花贻贝奶油汤

服务 4

- 750 克（1 磅 10 盎司）小贻贝，洗净
- 4 汤匙干白葡萄酒
- 50 克（2 盎司）黄油
- 225 克（8 盎司）去皮块根芹，切碎
- 125 克（4½ 盎司）韭菜，切片
- 1 个小蒜瓣，切碎
- 约 750 毫升鱼汤
- 藏红花丝
- 175 克（6 盎司）葡萄成熟番茄
- 4 汤匙 鲜奶油

a) 将贻贝和 2 汤匙葡萄酒放入一个中等大小的平底锅中。放在高温下煮 2-3 分钟或直到贻贝刚刚打开。

b) 在干净的平底锅中融化黄油，加入芹菜、韭菜、大蒜和剩余的酒。盖上盖子，轻轻煮 5 分钟。

c) 将除了最后一汤匙或两汤匙的贻贝酒倒入一个大量杯中，加入鱼汤至 900 毫升。连同藏红花和西红柿一起加入蔬菜锅中，盖上盖子，文火慢炖 30 分钟。

d) 让汤稍微冷却，然后搅拌至光滑。先过筛子，然后再过一遍中国菜，放入干净的平底锅中，再次煮沸。加入鲜奶油和一些调味料调味。

e) 把锅从火上移开，加入贻贝搅拌一下，让它们稍微加热一下，但不要让它们煮得比已经煮的多。

23. Razor Clams a la Plancha

服务 4

- **24** 只蛏子,洗净
- 优质特级初榨橄榄油
- 柠檬片
- 新鲜切碎的欧芹叶、海盐片和现磨黑胡椒粉,上桌

a) 用高温加热你的大而重的煎锅或平底煎锅,直到非常热。加入少许橄榄油和一层蛤蜊,铰链面朝下。

b) 一旦它们打开,将它们翻过来,使肉与锅底接触,煮约 1 分钟,直到变成浅棕色。

c) 把蛤蜊翻过来,再淋上一点橄榄油,然后把它们放在一个温暖的盘子里。与一两个柠檬角一起食用,撒上切碎的欧芹、少许海盐和现磨黑胡椒粉以及平底锅中的任何果汁。用剩下的蛤蜊重复这个过程。

24. 冰鲜贝类配奶油蛋黄酱

服务 6

- 1.5 公斤（3 磅 5 盎司）小蛤蜊、小贻贝或鸟蛤，或混合物
- 150 毫升（¼ 品脱）干白葡萄酒
- 500 克（1 磅）煮熟的带壳北大西洋大虾，去头，但不去掉壳的其余部分
- 蒜泥蛋黄酱（见下文）
- 3 汤匙新鲜切碎的平叶欧芹
- 大量新鲜的法式面包

a) 把贝类和酒一起放进一个大锅里，盖上盖子，用大火煮，不时摇晃锅，2-3 分钟或直到它们都刚刚打开。把它们倒进碗里的滤锅里，收集烹饪汁液。

b) 将 3 汤匙烹饪液放回冷却的锅中，加入蒜泥蛋黄酱，短暂搅拌至光滑。将贝类放回酱汁中，加入虾和 2 汤匙欧芹。搅拌均匀，待凉，但不要冷却。

c) 食用时，将贝类舀到一个椭圆形的大盘子或单独的盘子上，然后撒上剩余的欧芹。与大量新鲜的法式面包一起食用。

d) 要制作蒜泥蛋黄酱，请将 4 个压碎的蒜瓣和 $\frac{1}{2}$ 茶匙盐制成光滑的糊状物。刮入碗中，加入 1 个中等大小的蛋黄和 2 茶匙柠檬汁。用电动打蛋器慢慢加入油搅拌。

25. 大西洋蒸软壳

产量：1 份

成分

- 4 每打小软壳蛤蜊
- 1 杯水
- 1 汤匙海鲜调味料
- $\frac{1}{4}$ 茶匙胡椒粉
- 1 汤匙人造黄油

a) 撒上调味料。盖紧，煮沸，减少热量。煮 10 到 15 分钟或直到壳打开。沥干蛤蜊，保留液体。

b) 过滤液体并加入人造黄油。

c) 将热蛤蜊盛在带壳的热蛤蜊上，一边蘸着肉汤。

虾和大虾

26. 巴西风味辣虾

产量：1份

成分

- 2磅大虾，去皮去肠
- 1汤匙蒜末
- 1汤匙切碎的新鲜红辣椒，去籽
- ½ 杯特级初榨橄榄油，最好从巴西进口
- ½ 杯特级初榨橄榄油
- 红辣椒酱，品尝

a) 在一个玻璃烤盘里,把虾和大蒜、辣椒和橄榄油一起搅拌。盖上盖子腌制,冷藏至少 24 小时。预热烤架或肉鸡并煮虾,偶尔刷上腌料,每边 2 到 3 分钟。

b) 在一个小碗里,将 $\frac{1}{2}$ 杯橄榄油和红辣椒酱搅拌在一起,调味。

c) 将热烤虾与蘸酱一起上桌。

d)

27. 海鲜天妇罗

服务 8

- 250 克（9 盎司）鱿鱼（袋装和触须）
- 20 只生虎虾
- 250 克（9 盎司）去皮柠檬鳎鱼片
- 大量的葵花籽油，用于油炸
- 天妇罗面糊
- 115g（$4\frac{1}{4}$oz）普通面粉
- 115 克（$4\frac{1}{4}$ 盎司）玉米粉
- 300 毫升（$\frac{1}{4}$ 品脱）冰镇苏打水，新瓶装
- 海盐
- 酱油和生姜蘸酱
- 90 毫升（3 液量盎司）黑酱油
- 2 片去皮的新鲜生姜薄片，切得很细
- $\frac{1}{2}$ 束细葱，切成薄片
- 甜辣椒蘸酱

- 150 毫升（5 液量盎司）甜辣椒酱
- 1 汤匙生抽
- $\frac{1}{4}$ 茶匙中国五香粉
- $1\frac{1}{2}$ 汤匙冷水

a) 将每种蘸酱的成分混合在一起。

b) 将一半面粉、一半玉米粉和一撮盐筛入一个大碗中，将剩余的面粉、玉米粉和一撮盐筛入另一个碗中。

c) 将八块混合海鲜放入面糊中，一次取出一块并立即放入热油中。煎 1 分钟，直到酥脆并呈浅金黄色，然后取出并用大量厨房纸吸干。

28. 虾饺面汤

服务 4

为了汤

- 3.5 升鸡汤
- 8 瓣大蒜，切片
- 5 厘米（2 英寸）块根姜
- 3 汤匙泰式鱼露
- 160 克（5¾oz）亚洲风味细面条
- 1 个中火红辣椒，切成薄片
- 4 茶匙酸橙汁
- 30 克（1¼ 盎司）葱，切片
- 125g (4½oz) 新鲜豆芽
- 一小把新鲜薄荷和香菜

对于饺子

- 240 克（$8\frac{1}{2}$ 盎司）瘦肉碎
- 2 克泰国虾酱
- 1 个鸡蛋
- 80 克（3 盎司）去皮生虾

a) 将高汤与大蒜、生姜和鱼露一起放入大锅中。让它炖 1 小时。滤入一个干净的平底锅，继续煨至 1.2 升（2 品脱）。保持热度。

b) 制作饺子时，将肉末与虾酱、鸡蛋和 1/4 茶匙盐一起放入食品加工机中，然后加工成光滑的糊状物。将虾纵向切片。把剁碎的猪肉酱转移到碗里，加入切碎的虾搅拌。将 **10-15g ($\frac{1}{4}$-$\frac{1}{2}$oz)** 的混合物制成小球，放在打开的花瓣蒸笼上。

c) 在低烤箱中加热四个深汤碗。在一个大的浅锅中加入 2 厘米（$\frac{3}{4}$ 英寸）深的水并煮沸。加入蒸饺的花瓣蒸锅，转小火，盖上锅盖蒸 4 分钟，或至熟。

29. 巴西炖海鲜

产量：10 份

成分

- ¾ 磅鳕鱼鱼片
- 1 磅中虾
- ¼ 杯酸橙汁；分为
- ½ 茶匙胡椒酱
- 1 茶匙盐；分为
- 2 汤匙橄榄油
- 1 杯切碎的洋葱
- 1 杯切碎的青椒
- 2 个大蒜瓣；剁碎
- 4 杯去皮整番茄罐头
- ¾ 杯椰奶
- 1 杯切碎的葱

- 1 杯切碎的新鲜香菜
- 热米饭

a) 在浅非铝碗中,混合鱼、虾、2 汤匙酸橙汁、1/4 茶匙胡椒酱和 1/2 茶匙盐;折腾混合。盖上盖子,放入冰箱腌制 30 分钟。在大平底锅中,用中高温加热油;将洋葱、青椒和大蒜炒至变软。打碎西红柿;添加到煎锅。加入椰奶、剩余的 2 汤匙酸橙汁、1 茶匙胡椒酱和 1/2 茶匙盐。搅拌均匀。煮沸,减少热量并炖 2 至 3 分钟。加入腌制的鱼,炖 10 分钟或直到海鲜煮透。

b) 加入虾,再炖 5 分钟。上菜前,拌入葱和香菜。

三文鱼

30. 三文鱼葡萄酒

产量：1份

成分

- 2 杯醋
- 4 杯水
- 2 茶匙肉桂
- 4 茶匙孜然粉
- 6 大瓣大蒜，捣碎
- 盐和胡椒粉调味
- 三文鱼

a) 在一个大水壶中混合所有成分并搅拌均匀。

b) 加入鲑鱼片，搅拌均匀，使每片鲑鱼片都能吸收香料和大蒜。

c) 留在盐水中过夜，但不要超过 24 小时，因为鲑鱼往往会变得糊状。

d) 从盐水中取出，卷入饼干屑或粗粉，然后在热油中煎炸。

31. 三文鱼和牛肝菌烤肉串

- ¼ 杯橄榄油
- ¼ 杯欧芹,切碎
- ¼ 杯新鲜百里香,去茎,切碎
- 2 汤匙柠檬汁
- 2 汤匙粗磨黑胡椒
- 1 茶匙盐
- 1.5 磅鲑鱼片,切成 24 块
- 1 到 1.5 磅蘑菇
- 8 个木串
- 柠檬片

a) 将油、欧芹、百里香、柠檬汁、盐和胡椒混合在一个大碗中。

b) 加入鲑鱼块，充分混合，盖上盖子，冷藏 1 小时。

c) 预热烤架。

d) 把混合物从冰箱里拿出来，加入蘑菇块，然后把腌料涂在蘑菇上。用漏勺沥干。

e) 将三文鱼和蘑菇串在串上交替制作八个烤肉串，每个烤肉串上三片鱼和三片蘑菇。

f) 将浸泡过的烤串放在涂了油的烤架上，煮 4 分钟。转动并再煮 4 分钟，或直到鱼片摸起来略软。

32. 烤野生帝王鲑

- 1 只龙虾，1¾ 磅
- ½ 杯融化的黄油
- 2 磅鲑鱼片
- ¼ 杯切碎的红洋葱
- 3 汤匙白醋
- 2 汤匙水
- ¼ 杯重奶油
- 2 汤匙切碎的新鲜龙蒿
- 4 汤匙（½ 棒）黄油
- 盐和现磨黑胡椒
- 柠檬角和果汁
- 血橙沙拉

a) 将黄油和柠檬汁淋入龙虾腔。

b) 将龙虾平放在烤架上,放在烟盘上。盖上盖子,抽约 25 分钟。转移到砧板上,把尾巴和爪子上的肉去掉,把珊瑚和所有的果汁放在冰箱里。

c) 制作白酒,将洋葱、醋和水放入中等大小的平底锅中,用中高温煮沸;减少热量并炖 3 至 4 分钟,或直到减少约一半。加入奶油和龙蒿;煨 1 到 2 分钟,或直到减半。加入黄油块搅拌。

d) 准备好烤架,把鲑鱼放在热的一边。

e) 将龙虾片和果汁加入平底锅中,加入白酒,搅拌,然后将火调至中高。煨,盖上盖子,搅拌几次,持续 3 到 4 分钟,或直到龙虾肉彻底加热。

33. 枫糖浆鲑鱼排

- $\frac{1}{4}$ 杯纯枫糖浆
- $\frac{1}{4}$ 杯味醂或白葡萄酒
- $\frac{1}{4}$ 杯低钠酱油
- 2 汤匙橄榄油
- $\frac{1}{2}$ 个柠檬汁（约 $1\frac{1}{2}$ 汤匙）和 1 个柠檬皮（约 1 汤匙）
- 2 汤匙黑胡椒粒
- 2 磅鲑鱼，切成 $\frac{3}{4}$ 英寸厚的牛排

a) 将枫糖浆、味酥、酱油、油、柠檬汁和胡椒粒混合在防腐蚀容器中。将牛排放入腌料中,冷藏 30 分钟。

b) 预热烤架。

c) 从腌料中取出鲑鱼排,沥干水分,拍干,保留腌料。将牛排直接放在火焰上煮 4 分钟;转身再煮 4 分钟,或直到牛排摸上去稍软。少烤的时间较短,烤得好的烤的时间较长。

d) 与此同时,翻炒牛排后,将腌料放入小平底锅中,用中火加热至沸腾,然后炖 5 分钟。立即关掉暖气。

e) 将酱汁浇在鲑鱼排上。

34. 三文鱼玉米浓汤

- 1磅鲑鱼片
- 2耳新鲜玉米
- 2汤匙橄榄油
- 1个中等切碎的洋葱
- 1个中等大小的育空金土豆，切丁
- 2杯全脂牛奶
- 1杯淡奶油
- 4汤匙无盐黄油
- $\frac{1}{2}$茶匙伍斯特沙司
- $\frac{1}{4}$杯切碎的龙蒿
- 1茶匙辣椒粉
- 盐和现磨黑胡椒
- 牡蛎饼干

a) 预热烤架。

b) 将鲑鱼和玉米芯放在涂了油的烤架上。煮 6 分钟；然后转身再煮 4 到 5 分钟。搁置。

c) 用一把锋利的刀，把玉米从玉米棒子上剥下来，把鲑鱼切成一口大小的块。搁置。

d) 在一个 4 夸脱的平底锅中用中高温加热 1 汤匙油。加入洋葱和土豆。盖上盖子煮约 10 分钟，或直到洋葱变软。加入牛奶、奶油、黄油和伍斯特沙司。炖 10 分钟左右，或者直到土豆变软

e) 加入玉米、鲑鱼、龙蒿、辣椒粉、盐和胡椒粉，煮 5 分钟。

f) 转移到碗中，立即与牡蛎饼干一起食用。

35. 莳萝腌三文鱼

服务 6

- 2 x 750 克（1 磅 10 盎司）去皮鲑鱼片
- 一大束莳萝，大致切碎
- 100g（4oz）粗海盐
- 75 克（3 盎司）细砂糖
- 2 汤匙碎白胡椒粒
- 辣根芥末酱
- 2 茶匙磨碎的辣根（新鲜或罐装）
- 2 茶匙细碎洋葱
- 1 茶匙第戎芥末
- 1 茶匙细砂糖
- 2 汤匙白葡萄酒醋
- 一小撮盐

- 175 毫升（6 液量盎司）双重奶油

a) 将其中一条鲑鱼鱼片，带皮的一面朝下，放在一大张保鲜膜上。将莳萝与盐、糖和碎胡椒混合，然后将其涂抹在鲑鱼切好的面上。将另一个鱼片放在上面，皮肤朝上。

b) 用两到三层保鲜膜将鱼紧紧包裹起来，然后将其放在一个大而浅的托盘上。将一个稍小的托盘或砧板放在鱼的顶部并称重。冷却 2 天，每 12 小时翻一次鱼，这样包裹内会形成的咸味混合物会涂抹在鱼身上。

c) 要制作辣根芥末酱，将除奶油外的所有成分搅拌在一起。将奶油搅成软峰，加入辣根混合物，盖上盖子冷藏。

d) 食用时，将鱼从咸味混合物中取出，切成薄片，就像你会抽鲑鱼一样。在每个盘子上放几片肉汁，配上一些酱汁。

36. 新鲜大西洋三文鱼炒

产量：1 份

成分

- 3 三文鱼片
- 1 汤匙黄油
- $\frac{1}{4}$ 茶匙厨师盐
- $\frac{1}{2}$ 杯调味面粉
- 1 汤匙番茄丁
- 1 汤匙洋葱丁
- 1 汤匙蘑菇片
- 2 汤匙白料酒

- $\frac{1}{2}$ 小柠檬汁
- 2 汤匙软黄油

a) 将鲑鱼切成薄片。用主厨盐调味鲑鱼,撒上面粉。

b) 在每一面都用黄油快速炒一下,然后取出。加入蘑菇片、番茄、葱、柠檬汁和白葡萄酒。

c) 减少过热约 30 秒。拌入黄油,将酱汁浇在鲑鱼上。

37. 烤三文鱼配薄饼

产量：4份

成分

- 1磅新鲜羊肚菌
- 2个青葱；剁碎
- 1瓣大蒜；剁碎
- 10汤匙黄油；切成小块
- 1杯干雪利酒或马德拉酒
- 4片鲑鱼片
- 橄榄油
- 盐和现磨胡椒粉

- 16 大葱

- 4 汤匙薄饼；立方体和修剪

a) 用 2 汤匙黄油用小火炒青葱和大蒜，直到变软。加入羊肚菌，开大火煮 1 分钟。加入雪利酒，减半。

b) 搅拌剩余的黄油，加热和加热，直到它乳化。

c) 加热烤架或带脊的烤盘。用油刷鲑鱼片，用盐和胡椒调味。将鲑鱼转移到一个大平底锅中，在烤箱中煮 5 到 10 分钟。

d) 用高温加热一个中等大小的重煎锅。加入几汤匙橄榄油。加入洋葱和烟肉。煮一会儿，摇晃锅以防止油炸。加入羊肚菌混合物并混合。轻轻调味。

e) 将三文鱼片放在温暖的餐盘中央。将羊肚菌混合物舀在顶部和侧面。

38. 三文鱼香辣椰子汤

成分

- 1150 克。每人一条鲑鱼;(150 到 180)
- 1 杯茉莉香米
- ¼ 杯绿色小豆蔻豆荚
- 1 茶匙丁香
- 1 茶匙白胡椒粒
- 2 肉桂棒
- 4 八角
- 2 汤匙油
- 3 个洋葱;切碎的

- ½ 甜点匙姜黄
- 1 升椰奶
- 500 毫升椰子奶油
- 6 个大熟番茄
- 1 汤匙红糖
- 20 毫升鱼露
- 盐适量
- 2 汤匙加拉姆马萨拉

a) Garam Masala：在平底锅中分别干烤香料。在咖啡研磨机或研钵和研杵中混合所有香料并研磨。

b) 香辣椰子汤：在一个大平底锅中加热油，将洋葱煮至透明。加入姜黄和生姜，用小火煮约 20 分钟，然后加入剩余的配料。煮沸。

c) 煮肉汤时，煮三文鱼和茉莉香米。鲑鱼可以用鱼汤水煮、炭烤或煎。

39. 哥伦比亚河奇努克

- 1 杯新鲜樱桃，洗净去核
- ½ 杯鱼或鸡汤
- ¼ 杯新鲜百里香，去茎
- 2 汤匙白兰地
- 1 茶匙新鲜柠檬汁
- 2 汤匙红糖
- 1½ 茶匙香醋
- 1½-2 磅鲑鱼片
- 柠檬片

a) 预热烤架。

b) 在食品加工机的碗中将樱桃脉冲三到四次，直到它们被粗切碎。

c) 在平底锅中用中火煨高汤、百里香、白兰地和柠檬汁 10 至 12 分钟，或直至减半。

d) 加入红糖和醋,搅拌,炖 2 到 3 分钟,直到完全加热。从火上移开,但要保持温暖。

e) 将鲑鱼片放在涂油的烤架上,煮 4 到 5 分钟;转身再煮 4 到 5 分钟,直到鱼片摸起来有点软。

f) 分四服。将热酱汁舀到四个盘子的中心,形成水池。将鲑鱼直接放在酱汁上。

g) 与柠檬角一起食用。

酸橘汁腌鱼

40. 鳄梨和扇贝酸橘汁腌鱼

成分

- ½ 杯新鲜青柠汁
- 3 汤匙花生油或：
- 植物油
- 24 青椒，压碎
- 盐味
- ¾ 磅海扇贝或海湾扇贝
- 1 个大熟鳄梨，去皮

- 2 汤匙新鲜韭菜
- 40 个小白蘑菇
- $\frac{1}{4}$ 杯植物油
- 2 汤匙新鲜柠檬汁
- 1 个中等大小的蒜瓣，去皮和压碎
- 盐和胡椒调味
- 香葱

a) 将酸橙汁、油、胡椒粒、盐和胡椒混合在玻璃或陶瓷碗中。加入扇贝搅拌

b) 将鳄梨捣碎至几乎光滑，然后将其与韭菜或大葱一起加入腌制扇贝

c) 将植物油、柠檬汁、大蒜、盐和胡椒混合在一个小碗中，然后用混合物充分刷洗蘑菇的内部。

41. 湾扇贝酸橘汁腌鱼

产量：6 份

成分

- 1½ 茶匙 孜然粉
- 1 杯新鲜酸橙汁
- ½ 杯新鲜橙汁
- 2 磅海湾扇贝
- 1 个红辣椒；切碎的
- ¼ 杯红洋葱；切碎的
- 3 成熟的李子西红柿；播种和切碎

- 1 个红甜椒；播种和切碎
- 3 个大葱；切碎的
- 1 杯切碎的新鲜香菜
- 1 石灰；切片，装饰用

a) 将孜然拌入酸橙汁和橙汁中，倒在扇贝上。

b) 加入切碎的辣椒和红洋葱。盖上盖子冷藏至少 2 小时。

c) 上菜前，将扇贝沥干，与切碎的西红柿、甜椒、葱和香菜混合。用青柠片装饰。

42. 酸橘汁腌鱼

产量：1份

- 1磅虾；清洗、去皮和切割
- 1磅鲷鱼片；去皮切
- 1汤匙橄榄油
- 1汤匙新鲜橙汁
- 1汤匙白醋
- $\frac{1}{2}$ 杯新鲜酸橙汁

- 1 汤匙大蒜；切碎的
- 1 汤匙红洋葱；切碎的
- 4 盎司红甜椒丁（约 3/8 杯）
- 1 个墨西哥胡椒；切丁
- 1 捏 孜然粉
- 1 茶匙盐
- 1 汤匙切碎的香菜叶
- 2 汤匙百香果泥

a) 煮虾，在沸水中盖住，1 分钟。过滤并冷藏，盖上盖子，直到冷却。

b) 将鲷鱼块、油、橙汁、醋、酸橙汁、大蒜、洋葱、甜椒、墨西哥胡椒、孜然、盐、香菜和百香果泥放入大碗中。加入虾；盖上盖子，放入冰箱腌制至少 6 小时。

c) 食用菊苣或生菜条，饰以胡椒条和酸橙片。

43.芒果金枪鱼酸橘汁腌鱼

产量：4 份

成分

- ¾ 磅金枪鱼牛排
- ½ 杯酸橙汁
- ½ 杯（4 盎司）椰奶
- 2 汤匙橄榄油
- 盐和胡椒
- 1 杯小芒果丁

- 2 汤匙小红辣椒粒

- 2 汤匙切碎的新鲜香菜

- 2 汤匙烤椰子

- 2 汤匙切碎的葱

- 装饰用香菜小枝

a) 将金枪鱼切成小块，放入玻璃碗中，盖上酸橙汁和椰奶。盖上盖子冷藏 4 小时。

b) 倒掉多余的液体，加入 1 汤匙橄榄油、盐和胡椒调味。在另一个碗里，混合芒果、辣椒、香菜、青葱、椰子和剩余的橄榄油，然后调味。将剩余的成分混合在一起调味。开始制作你的冻糕。将 1 汤匙调味汁放在每个玻璃杯的底部。顶部放 2 汤匙金枪鱼。

44. 扇贝酸橘汁腌鱼

产量：4 份

成分

- 1 磅扇贝，新鲜
- 1 杯果汁，酸橙，覆盖
- 2 个大蒜，丁香，切碎
- 1 每个辣椒，红铃铛，去籽，切丝
- 2 每个辣椒，绿色的，甜的，去籽的，切丝的

- ½ 束芫荽，去茎，粗切

- 1 个大番茄，去核，切碎

- 2 每个辣椒，墨西哥胡椒

- ½ c 橄榄油，橄榄油

a) 将扇贝切成三等份，以保持形状和大小均匀的方式切割它们。将扇贝放入碗中，加入酸橙汁腌制 1 小时。

b) 一小时后，加入大蒜、红甜椒和甜绿辣椒。充分混合。

c) 加入香菜、番茄和墨西哥胡椒。加入橄榄油，搅拌均匀。

45.金枪鱼生牛肉片夏季酸橘汁腌鱼

产量：6 份

成分

- 1 磅寿司级金枪鱼

- 1 个红洋葱；切丁

- $\frac{1}{4}$ 杯新鲜玉米；切丁

- 1 杯豆薯；切丁

- 1 个柠檬；榨汁

- 1 石灰; 榨汁

- 1 个橙色；榨汁
- 1 束韭菜
- ½ 杯芥末粉
- 1 杯水

a) 将金枪鱼切成 6 等份，在蜡纸上刷油，然后将纸夹在每片金枪鱼之间。用切肉刀捣成所需大小，然后在冰箱中冷却。

b) 在一个中等大小的碗里，将所有蔬菜和柠檬汁、酸橙汁和橙汁混合在一起。让它全部浸泡 10 分钟。排出液体。冷盘。

c) 从冰箱中取出生牛肉片，撕下最上层的蜡纸，将金枪鱼翻转到盘子上，然后将酸橘汁腌鱼均匀地舀在所有盘子之间。

d) 将芥末和水混合，放入喷瓶中。淋在上面。

46. 芥末酸橘汁腌鱼沙拉

产量：4 - 6

成分

- 600 克鲷鱼片，切丁
- $\frac{1}{4}$ 杯纳米田芥末伏特加
- $\frac{1}{2}$ 杯酸橙汁
- 1 青柠皮
- 2 汤匙塔巴斯科；或品尝
- 1 汤匙糖
- 1 茶匙盐

- 1 杯番茄汁
- 1 个小红洋葱；切碎的
- 2 个西红柿；去核、去籽、切碎
- 1 个红辣椒；去核、去籽、切片
- 2 汤匙香菜

a) 将前七个项目混合在一起。

b) 盖上盖子冷藏至少 1 小时。

c) 揭开并添加其余成分。

d) 把所有东西混合在一起。

e) 倒入一个大碗中。

f) 与另一个盛满沙拉蔬菜的碗和一碗纳米达芥末蛋黄酱一起食用。

47. 尤卡坦风味酸橘汁腌鱼

产量：6 份

成分

- 1.5 磅硬白鱼片
- $\frac{3}{4}$ 磅大虾，16-24 条
- 1 个大甜洋葱
- 3 到 4 个哈瓦那人，轻轻烤
- 1 杯新鲜青柠汁
- $\frac{1}{2}$ 杯新鲜橙汁

a) 把鱼切成 1/4 英寸的薄片;边走边去掉骨头。将鱼放在足够大的玻璃或釉面陶瓷盘中,以将其固定在一层中。

b) 虾去壳和去壳,只有在必要时才冲洗它们以去除沙砾。将虾纵向切成两半或蝴蝶结。

c) 把虾铺在鱼上。将洋葱纵向切成两半,然后横向切成薄片。

d) 将洋葱铺在鱼和虾上。

e) 戴上橡胶手套,将哈瓦那人的茎、种子和条切碎,然后撒在洋葱上。用盐调味,倒入酸橙汁和橙汁。

f) 盖上盖子并在冰箱中腌制 8 小时或过夜,或直到鱼和虾不透明。

48. 鳄梨安康鱼酸橘汁腌鱼

服务 6

- 500 克（1 磅）安康鱼片
- 3 个酸橙汁
- 1 个中火红辣椒，减半去籽
- 1 个小红洋葱
- 6 个葡萄成熟的西红柿，去皮
- 3 汤匙特级初榨橄榄油
- 2 汤匙新鲜切碎的香菜
- 1 个成熟但结实的大鳄梨

a) 将安康鱼倒在酸橙汁上，确保所有的鱼片都完全被汁液覆盖。

b) 与此同时，将每个辣椒切成两半，这样你就可以得到非常薄、略微卷曲的切片。将洋葱切成四分之一，然后将每个楔子纵向切成薄的弧形切片。把每个番茄切成四等份，去掉种子。将每一块肉纵向切成薄的弧形切片。

c) 就在你准备上菜之前，用漏勺把安康鱼从酸橙汁中取出，放入一个大碗里，里面放着辣椒、洋葱、番茄、橄榄油、大部分香菜和少许盐调味。轻轻地搅拌在一起。

d) 将鳄梨对半切开，去掉石头并去皮。将每一半纵向切成薄片。在每个盘子的一侧放置 3-4 片鳄梨。把酸橘汁腌鱼堆在另一边，撒上剩下的香菜。立即上菜。

鱿鱼和章鱼

49. 炸鱿鱼

- 250 克（9 盎司）清洗过的鱿鱼
- 橄榄油，用于浅煎
- 细磨粗面粉或普通面粉，用于除尘
- 柠檬角，服务
- 2 瓣大蒜
- 200 克（7 盎司）蛋黄酱
- 1 茶匙烟熏甜椒

a) 制作烟熏甜椒和大蒜蛋黄酱，将蒜瓣放在砧板上，撒上一大撮盐，用大刀刃的平边压成光滑的糊状物。与烟熏甜椒一起拌入蛋黄酱。

b) 将鱿鱼袋切成细环，将触须分成两对。将环和触手铺在托盘上，用盐和胡椒粉轻轻调味。

c) 将橄榄油倒入一个大的深煎锅中，深度为 1 厘米（$\frac{1}{2}$ 英寸），用中高温加热至 190°C/375°F。将鱿鱼倒入 harina de trigo、粗面粉或面粉中，去掉多余的部分，静置 1-2 分钟，使面粉稍微变湿。这将使它更清晰。

d) 将鱿鱼小批量浅煎 1 分钟，直至酥脆并呈淡金黄色。在厨房用纸上稍微沥干，转移到温暖的盘子里。趁热食用，搭配烟熏甜椒、大蒜蛋黄酱和柠檬角。

50. 五香章鱼沙拉配欧芹

- 1 条章鱼，洗净
- 50 毫升（2 液量盎司）特级初榨橄榄油
- 7.5 厘米（3 英寸）肉桂棒
- 4 丁香
- 6 个五香果
- 1 茶匙黑胡椒粒
- ¾ 茶匙新鲜柠檬汁
- 1 汤匙粗切平叶欧芹
- 2 茶匙特级初榨橄榄油

a) 将章鱼与橄榄油、肉桂、丁香、五香果、胡椒粒和 1 茶匙盐一起放入小砂锅中。盖上紧盖，烘烤 2 小时或直至变软。

b) 把砂锅从烤箱里拿出来，把章鱼放在盘子里。将烹饪汁过滤到一个小平底锅中，快速煮沸，直到减少一半左右，味道很好。和章鱼一起放凉。

c) 当章鱼变凉时，切掉触须，并在对角线上将每个章鱼切成约 5 毫米（1/4 英寸）厚的薄片。将身体切成类似大小的碎片。

d) 将章鱼放入碗中，加入 3 汤匙浓缩酒、柠檬汁和欧芹搅拌。搅拌均匀，用勺子舀入浅盘中，在室温下食用前淋上特级初榨橄榄油。

金枪鱼

51. 熏金枪鱼配柚子酱

- ½ 杯清酒
- 2/3 柠檬汁（约 2 汤匙）
- 1 汤匙低钠酱油
- 1.5 磅寿司级金枪鱼
- 1 茶匙芝麻油
- ½ 杯竹笋
- ½ 杯香菇，切碎（或牡蛎或小贝拉）
- 3-4 瓣大蒜，切丁
- 2 汤匙切碎的新鲜生姜

- $\frac{1}{2}$ 杯橙子酱
- 煮熟的糙米
- 柠檬片

a) 准备一个烤架进行烟熏烧烤。

b) 在防腐蚀容器中,将清酒、柠檬汁和酱油搅拌在一起。将混合物中的金枪鱼在冰箱中腌制 20 至 30 分钟。

c) 取出金枪鱼,沥干水分,放在烤架凉爽的一面。盖上盖子吸烟约 45 分钟。金枪鱼将非常稀有且触感柔软。

d) 与此同时,在一个大平底锅中加热芝麻油或用中高温炒锅。将竹笋、蘑菇、大蒜和生姜炒 1 到 2 分钟。加入橙子酱,炖 6 到 8 分钟,直到蔬菜完全裹上一层,然后关火。

e) 把金枪鱼从火上移开,分成四份。将糙米放在温暖的盘子上,将酱汁舀在鱼和米饭上。与柠檬角一起食用。

52. 金枪鱼烤肉串

- $\frac{1}{4}$ 杯柠檬汁
- 1 汤匙橄榄油
- 2 汤匙干马郁兰
- 2 汤匙干牛至
- 2 汤匙干百里香
- $\frac{1}{2}$ 茶匙海盐
- 1 汤匙现磨黑胡椒
- 16 块金枪鱼片,切成 1.5 英寸的方块,约 1 磅
- 24 个 1.5 英寸的青椒(约 2 个大)
- 24 个 1.5 英寸的红甜椒(约 2 个大)

- 24 个 1 英寸的红洋葱（约 2 个中等大小）
- 16 个樱桃番茄
- 6 个木串（11.5 英寸长），在温水中浸泡 30 分钟

a) 在一个大碗里混合柠檬汁、油、马郁兰、牛至、百里香、盐和胡椒。把鱼块、辣椒、洋葱和西红柿搅拌在一起，涂上所有的块。

b) 在四根烤肉串中的每根烤肉串上交替放置一片鱼、一片青椒、一片红辣椒和一片洋葱，直到所有烤肉串都被填满。将八个樱桃番茄串在两个单独的串上。搁置。

c) 将除西红柿外的所有烤肉串放在涂油的烤架上。4 到 5 分钟后转动，将番茄串加入烤架。再烤鱼肉串 4 到 5 分钟，或者直到鱼肉摸起来很硬，然后取出。对于中等稀有的金枪鱼，将烧烤时间减半。5 分钟后取出番茄串。

d) 把西红柿从串上滑下来

53. 金枪鱼排和血橙

- 4 块金枪鱼排,每块 6-8 盎司
- 1/3 杯低钠酱油
- 1 个鲜血橙汁(约 4 汤匙)
- 1/4 杯切碎的新鲜生姜
- 2 汤匙新鲜酸橙汁
- 2 汤匙纯枫糖浆
- 盐和现磨黑胡椒
- 1 个血橙的热情
- 8 片血橙(约 2 个小橙子)

a) 将金枪鱼排、酱油、橙汁、生姜、酸橙汁和枫糖浆混合在一个大碗中。搅拌在一起,盖上盖子,冷藏约 30 分钟。

b) 预热烤架。

c) 撕下四块铝箔,每块 12 英寸 x 12 英寸。从腌料中取出金枪鱼排,在每张箔纸的中间放一块。用盐和胡椒调味,并用果皮和两片橙片覆盖。将铝箔紧紧地压在一起。

d) 烤 4 到 5 分钟；转身再烤 5 分钟，或者直到金枪鱼摸起来很硬。

e) 打开每个铝箔包并立即上菜。

54. 烤金枪鱼汉堡

- 1.5 磅新鲜金枪鱼
- 2 个鸡蛋，打散
- 4-6 个小黄瓜或玉米粒
- 盐
- 1 茶匙现磨黑胡椒
- 1 汤匙橄榄油
- $\frac{1}{2}$ 杯切碎的甜白洋葱
- 2 杯新鲜玉米
- $\frac{1}{4}$ 杯干白葡萄酒
- 1 个柠檬汁（约 3 汤匙）和柠檬皮（约 1 汤匙）
- $1\frac{1}{2}$ 汤匙切碎的新鲜莳萝
- 柠檬玉米沙拉

a) 将金枪鱼放在涂了油的烤架上烤 3 到 4 分钟。转动并再烤 3 到 4 分钟，或者直到鱼稍微变软。取出并冷却。

b) 把冷却的金枪鱼放在一个大的搅拌碗里掰开，然后加入鸡蛋、小黄瓜、盐调味，加入胡椒粉，用大叉子捣碎。搁置。

c) 在一个大平底锅中用中高温加热油。加入洋葱，炒 2 到 3 分钟，直到变软。加入玉米、葡萄酒、柠檬汁和莳萝，炖 4 到 5 分钟。从火上移开。

d) 将液体和鱼皮彻底混合到金枪鱼中。将混合物制成四个馅饼。将肉饼放在涂油的穿孔披萨盘上或烤架上方的金属丝网篮中。将肉饼煎 3 到 4 分钟；转身再煮 3 到 4 分钟，或者直到摸起来很硬。

e) 搭配柠檬玉米莎莎酱，搭配烤汉堡面包。

55. 薄荷金枪鱼生牛肉片

服务 4

- 225g 金枪鱼里脊片，冷冻
- 1个成熟的葡萄番茄
- 1茶匙小刺山柑，沥干并冲洗干净
- 4片薄荷叶，切得很细
- 4片平叶欧芹叶，切碎
- 芥末酱
- 1茶匙第戎芥末
- 1茶匙白葡萄酒醋
- 2汤匙特级初榨橄榄油

a) 将金枪鱼从冰箱中取出，打开包装，放在砧板上。用一把非常锋利的长刃刀将金枪鱼切成非常薄的薄片。

a) 将大约四片金枪鱼单层排列在四个冷盘的底部，将切片稍微压出，使它们对接在一起。

b) 对于芥末酱，将芥末和醋放在一个小碗中搅拌，然后一次加入 1 茶匙油，使其形成浓稠、乳化良好的酱汁。加入几滴温水搅拌使其稍微变松，然后用盐和胡椒调味。

c) 用茶匙将芥末酱以曲折的方式淋在金枪鱼上。然后在每个盘子上撒一些番茄丁、刺山柑、薄荷丝和欧芹。撒上一些海盐片和黑胡椒，即可食用。

56. 百香果腌金枪鱼

服务 4

- 3 厘米（1.5 英寸）厚的金枪鱼里脊片，
- 2 个小的、成熟的、有皱纹的百香果，
- 1 汤匙酸橙汁
- 3 汤匙葵花籽油
- 1 个中火青辣椒
- 1 茶匙细砂糖
- $1\frac{1}{2}$ 汤匙 切碎的香菜

a) 把一块金枪鱼里脊放在一块板上，然后把它切成非常薄的薄片。将切片并排但靠在一起，放在四个大盘子的底部。用保鲜膜盖住每一个，冷却至少 1 小时，或者直到你准备好上菜。

b) 上菜前不久，做腌料。把百香果切成两半，把果肉舀到碗上的筛子里。用筛子擦果肉以提取汁液，然后丢弃种子。你应该留下大约一汤匙的果汁。加入酸橙汁、葵花籽油、青辣椒、糖、香菜、$\frac{1}{2}$ 茶匙盐和一些现磨胡椒粉。

c) 上菜时，揭开盘子，用勺子舀在调料上，用勺子背面将其铺在鱼的表面。上菜前静置 10 分钟。

生蚝

57. 牡蛎酱木兰

服务 2

- 12 只生蚝
- 酱木乃伊
- 3 汤匙优质白葡萄酒醋
- 1 茶匙葵花油
- $\frac{1}{4}$ 茶匙粗碎白胡椒粒
- 1 汤匙 非常薄的葱片

a) 要打开牡蛎，用茶巾包住一只手，把牡蛎放在里面，平壳在上面。将牡蛎刀的尖端推入位于最窄点的铰链中，前后摆动刀，直到铰链断裂，您可以将刀在两个壳之间滑动。向上扭转刀尖以撬起顶部外壳，切开韧带并提起外壳。将牡蛎肉从底壳中取出并取出，挑出任何一点壳。

b) 上菜前将酱汁的成分混合在一起。把牡蛎肉放回贝壳里，舀一点酱汁到每一个上，然后上桌。

58. 生姜蚝汤

服务 4

- 12 太平洋牡蛎
- 1.5 升（2½ 品脱）冷的优质鸡汤
- 2 茶匙泰式鱼露
- 1 茶匙生抽
- 1 个中火青辣椒，去籽并切碎
- 1 厘米（½ 英寸）新鲜生姜，切片
- 100 克（4 盎司）便宜的白鱼片，切碎
- 50 克（2 盎司）韭菜，切成薄片
- 1 个蛋清
- 几片龙蒿叶、山萝卜叶和欧芹叶，装饰

a) 打开牡蛎，把汁倒进碗里。将牡蛎肉从壳中取出，冷藏至需要时使用。

b) 将蚝油、冷鸡汤、泰式鱼露、酱油、青辣椒、姜、鱼碎、韭菜、蛋清和 1 茶匙盐放入大锅中。放在中火上，慢慢煮沸，不时搅拌混合物。让高汤剧烈沸腾 5-10 秒，然后减少热量，让它在不受干扰的情况下炖 30 分钟。

c) 将汤倒入干净的平底锅中，通过衬有双层细布的细筛子。将牡蛎肉纵向切成 2 或 3 片，取决于它们的大小。将汤重新煮沸，加入牡蛎片，然后轻轻煮 5 秒钟。然后将汤舀入温热的碗中，并用香草叶慷慨地撒上每一碗。立即上菜。

59. 生蚝炖汤

- 4汤匙（½棒）黄油，切成小块
- ½个柠檬汁（约1½汤匙）
- 半壳上有12到24只牡蛎
- 2杯全脂牛奶
- 1杯浓奶油
- 1杯鱼汤
- 2汤匙辣椒粉
- ½茶匙辣椒粉

a) 预热烤架。

b) 在每个牡蛎壳上放一小块黄油和一点柠檬。躺在烤架上，盖上盖子。煮 5 到 6 分钟，或直到黄油融化。关掉暖气，盖上盖子。

c) 同时，将牛奶、奶油、高汤、辣椒粉和辣椒粉（如果使用）放入 4 夸脱的平底锅中，用中高温煮沸。立即将热量降低至低温并炖 10 分钟。确保牛奶不会燃烧。

d) 从烤架上取下牡蛎，轻轻地将它们和它们的汁液加入锅中。搅拌 1 分钟，倒入碗中，趁热食用。

60. 香槟沙巴雍牡蛎

服务 2

- 8 只生蚝
- 香槟萨巴雍
- 200 毫升（7 液量盎司）香槟
- 一小撮白砂糖
- 3 个蛋黄
- 75 克（3 盎司）澄清黄油，加热
- 一点辣椒

a) 将烤架预热至高温。打开牡蛎，倒出每个牡蛎的汁液。把它们放在半壳里，放在一个大烤盘上，盖上保鲜膜，放在一边。

b) 将香槟和糖放入小平底锅中，煮沸并迅速煮沸，直至减少至 4 汤匙。倒入一个大的耐热碗中冷却。加入蛋黄，把碗放在一锅几乎没有沸腾的水上，用力搅拌，直到混合物的体积大大增加，变得浓稠、轻盈、起泡，当毛毛雨洒在表面时会留下痕迹。

c) 将碗从火上移开，慢慢加入温暖的澄清黄油。用少许盐调味。

d) 将 1 汤匙香槟沙巴雍舀在每只牡蛎上，然后轻轻地在每只牡蛎上撒上一小撮辣椒粉。放在烤架下约 30 秒，直到变成浅棕色，然后将牡蛎分成两个盘子，立即食用。

e) 要制作澄清黄油，请将黄油放入小平底锅中，然后用极低的火加热至融化。

龙虾、扇贝和螃蟹

61. 龙虾番茄浓汤

- 1汤匙橄榄油
- 4-6瓣大蒜,切碎
- 1根芹菜,切碎
- 1个小甜白洋葱,切碎
- 1个中等大小的番茄,切丁
- $1\frac{1}{2}$-$1\frac{3}{4}$ 磅龙虾
- 2杯全脂牛奶
- 1杯番茄酱
- $\frac{1}{2}$杯浓奶油
- $\frac{1}{2}$杯鱼汤
- 4汤匙($\frac{1}{2}$棒)无盐黄油

- 2 汤匙切碎的新鲜欧芹
- 1 茶匙现磨黑胡椒

a) 在一个大平底锅中用中高温加热油。加入大蒜、芹菜和洋葱,一边搅拌一边煮 8 到 10 分钟。加入西红柿。

b) 将龙虾背面放在砧板上。从尾巴的中心向下切一个切口,几乎到尖端,不要切穿外壳;把尾巴分开。

c) 烤龙虾 15 到 18 分钟,壳面朝下,盖上盖子。将龙虾从烤架上移回砧板上,取出肉和番茄。丢掉贝壳,把肉放在一边。

d) 将牛奶、番茄酱、奶油、高汤和黄油与蔬菜一起放入平底锅中煮沸。把热量降到最低。炖 10 分钟,经常搅拌。

e) 加入龙虾肉、番茄酱、欧芹和胡椒。盖上盖子,用尽可能低的火慢炖 4 到 5 分钟。

62. 蟹玉米汤

服务 4

- 1.2 升鸡汤
- 2 个新鲜玉米芯
- 225 克（8 盎司）新鲜白蟹肉
- 5 茶匙玉米粉
- 1 茶匙切碎的新鲜生姜
- 2 个小葱，切成 2.5 厘米（1 英寸）长的小块，纵向切碎
- 1 汤匙生抽
- 1 汤匙中国米酒或干雪利酒
- 1 个蛋清，轻轻打

a) 把鸡汤放在锅里煮沸。与此同时，将玉米芯竖立在木板上，用一把锋利的大刀切掉玉米粒。将玉米加入高汤中，煮 5 分钟。

b) 检查蟹肉是否有小块壳，尽可能将肉放在大块中。用少许冷水将玉米粉混合成光滑的糊状物，将其搅拌到汤中并炖 2 分钟。

c) 加入蟹肉、姜、葱、酱油、米酒或雪利酒、1 茶匙盐和少许胡椒粉调味。炖 1 分钟。

d) 现在把汤好好搅拌一下，取出勺子，慢慢滴入打好的蛋清，使其在汤中形成细长的细丝。炖约 30 秒，然后立即食用。

63. 蟹与火箭

服务 4

- 350 克（12 盎司）新鲜白蟹肉
- 2 茶匙新鲜柠檬汁
- 4 茶匙特级初榨橄榄油，最好是柠檬橄榄油，再加上毛毛雨
- 8 片罗勒叶，切丝
- 一把野火箭叶
- 海盐和黑胡椒碎，装饰

a) 将蟹肉放入碗中,加入柠檬汁、橄榄油、罗勒和一些调味料轻轻搅拌。

b) 在四个盘子上做一小堆高大的蟹肉混合物,稍微偏离中心。在旁边放一小堆火箭叶。

c) 在火箭上和盘子的外边缘再淋一点橄榄油。

d) 用少许海盐和黑胡椒粉撒上油,即可食用。

64. 蜘蛛蟹茴香汤

服务 4-6

- 1 个煮熟的蜘蛛或棕色蟹肉
- 1 韭菜
- 1 头茴香
- 1.2 升（2 品脱）蔬菜汤
- 2 个西红柿（约 175 克/6 盎司）
- 4 汤匙橄榄油
- 一小撮碎干辣椒
- 一小撮茴香籽，轻轻压碎
- 1 条削好的橙皮
- ½ 茶匙番茄酱
- 4 瓣大蒜，切片
- 50ml 糕点，例如 Pernod 或 Ricard

- $\frac{1}{2}$ 个橙汁
- 一撮藏红花丝

a) 做汤，把蟹壳、韭菜和茴香碎屑、一汤匙棕色肉和蔬菜汤放入一个大平底锅中。煮沸 30 分钟。

b) 在平底锅中加热橄榄油，加入干辣椒、茴香籽、橙皮、番茄酱、大蒜、韭菜和茴香，轻轻煮 5 分钟，不要让它变色。稍微加热一下，加入意大利面，用火柴点燃以烧掉酒精。

c) 用细筛滤入高汤，加入橙汁和藏红花，煮 10 分钟。现在加入蟹肉和番茄，用盐和胡椒调味。

d) 舀入温热的汤盘中，即可食用。

65. 生菜咖喱蟹

服务 4

- 3-4 个中等大小的成熟番茄
- 5 汤匙蛋黄酱
- ½ 茶匙淡咖喱粉
- ½ 茶匙 新鲜柠檬汁
- 2 滴塔巴斯科酱
- 500 克（1 磅）新鲜白蟹肉
- 50 克（2 盎司）羔羊莴苣，切根
- 2 茶匙特级初榨橄榄油
- 新鲜全餐面包，服务

a) 将蛋黄酱放入碗中，拌入咖喱粉、柠檬汁和塔巴斯科酱。将这种混合物轻轻折叠在蟹肉中，加少许盐调味。

b) 将几片番茄放在四个小盘子的中心，用盐轻轻调味。在上面舀一些蟹肉蛋黄酱。将羊肉生菜与橄榄油和一小撮盐一起搅拌，然后堆放在一边。与一些全餐面包一起食用。

c) 要制作 300 毫升蛋黄酱，将 2 个蛋黄与 2 茶匙白葡萄酒醋和 $\frac{1}{2}$ 茶匙盐一起放入搅拌碗中。将碗放在布上以防止其滑动，然后轻轻搅拌以打破蛋黄。用钢丝打蛋器打入 300 毫升橄榄油或葵花籽油，一次加入几滴油，直到全部混合。或者，将一个全蛋、醋和盐放入食品加工机中。打开机器，慢慢加入油，直到形成浓稠的乳液。

66. 熟食蟹三明治

制作 6

- 12 片全麦面包薄片
- 75 克（3 盎司）黄油，软化
- 5 汤匙蛋黄酱
- 1 茶匙新鲜柠檬汁
- $\frac{1}{2}$-1 个红辣椒，取决于热量，去籽并切碎
- 500 克（1 磅）新鲜白蟹肉
- 2 汤匙新鲜切碎的平叶欧芹
- 50 克（2 盎司）火箭

a) 在面包片上涂上黄油,放在一边。

b) 将蛋黄酱放入小碗中,加入柠檬汁和辣椒搅拌。将蟹肉和欧芹放入另一个碗中,轻轻搅拌蛋黄酱混合物。用少许盐调味。

c) 将六片面包,涂黄油的面朝上,放在板上,用勺子舀在蟹肉混合物上。盖上一层厚厚的火箭叶,然后在上面放上剩下的面包片。将每个三明治对角切成两半或四分之一,然后立即食用。

67. 炸扇贝，巴西风味

产量：4份

成分

- 1磅新鲜海湾扇贝
- 8汤匙黄油
- 1杯面粉
- 1茶匙大蒜；切碎的
- 3汤匙欧芹；切碎的
- $\frac{1}{4}$ 茶匙盐
- 新鲜黑胡椒粉
- $\frac{1}{2}$ 新鲜柠檬

a) 用冷水快速清洗扇贝。在平底锅上铺一层，盖上亚麻布或纸巾。用其他毛巾盖住并冷藏几个小时以沥干。用小火融化黄油。将面粉放入大碗中，将扇贝放入其中。轻轻搅拌扇贝，直到它们的四面都涂上面粉。变成筛子去除多余的面粉。

b) 将扇贝加入黄油中，来回滑动平底锅煎 3 到 4 分钟，直到它们变硬而不是棕色。不要把扇贝煮过头。在煎锅中加入大蒜和欧芹，再煮 30 秒。上桌前挤柠檬汁，加入盐和胡椒调味。

鱼

68. 巴西香肠酿 uhu

产量：12 份

成分

- 5 磅 Uhu（鹦鹉鱼）
- 1 包热巴西香肠；切片
- 葱白；纵向切片
- 3 瓣大蒜；剁碎
- 2 茶匙生姜；磨碎的
- 盐和胡椒粉调味

a) 烤箱预热到 450 度。从背部和去骨的蝴蝶鱼。

b) 像往常一样清洗鱼;彻底清洗并拍干。盐和胡椒鱼的味道。混合巴西香肠片、洋葱白、大蒜和生姜。

c) 塞进鱼腔,用针线缝好

d) 将一片叶子放在鱼的一侧,有光泽的一面朝上,然后用锡纸包起来。放入烤盘,烤 1 小时 15 分钟。

69. 巴西唯一烤鱼片

产量：1 份

成分

- 8 片鞋底
- 1½ 汤匙柠檬汁
- 2 汤匙黄油
- ¼ 杯干雪利酒
- 1 茶匙酱油
- 2 枝切碎的欧芹
- 1 个蛋黄

a) 将鱼片放入烤盘;撒上部分柠檬汁和一点黄油。

b) 烤至鱼开始变褐色;消除。

c) 混合剩余的柠檬汁、雪利酒、酱油、欧芹和蛋黄:搅拌均匀。用勺子盛在半熟的鱼上;回到肉鸡,直到酱汁开始冒泡。

d) 立即上菜。

70. 鱼群

- 2 汤匙植物油
- 2 个中等大小的胡萝卜，切碎
- 2 根芹菜茎，切碎
- 1 个大西班牙洋葱，切碎
- 1 磅蘑菇，切成薄片
- 4-6 瓣大蒜，切碎
- 3-5 磅鱼框和鱼头
- 1 杯新鲜欧芹
- 6 片月桂叶
- $\frac{1}{4}$ 杯黑胡椒粒
- 5-6 枝百里香
- 4-5 枝牛至
- 4 夸脱水
- 1 杯干白葡萄酒

a) 在汤锅中用中高温加热油。加入胡萝卜、芹菜、洋葱、蘑菇和大蒜。煮，搅拌 8 到 10 分钟。

b) 同时，将鱼的部分堆在一块粗棉布上并用绳子系好。将欧芹、月桂叶、胡椒粒、百里香和牛至放在另一块粗棉布上。扎。

c) 将水、酒和粗棉布包加入汤锅中。煮沸，把火调到中火，用小火慢炖，不盖盖子，煮 45 分钟。

d) 从液体中取出粗棉布包，挤干并丢弃。通过滤锅过滤剩余的液体并冷却约 45 分钟。

71. 经典鱼汤与 Rouille

- 鲁耶

- 900 克（2 磅）混合鱼
- 85 毫升（3 液量盎司）橄榄油
- 洋葱、芹菜、韭菜和茴香各 75 克（3 盎司）
- 3 瓣大蒜，切片
- ½ 橙汁和橙皮汁
- 200 克（7 盎司）罐装切碎的西红柿
- 1 个小红辣椒，去籽切片
- 1 片月桂叶
- 百里香小枝
- 一撮藏红花丝
- 100 克（4 盎司）未剥皮的熟虾
- 一撮辣椒
- 1.2 升（2 品脱）优质鱼汤

- 25 克（1 盎司）帕尔马干酪，磨碎，待用
    a) 在一个大平底锅中加热橄榄油，加入蔬菜和大蒜，轻轻煮 20 分钟或直到变软但不变色。加入橙皮、西红柿、红辣椒、月桂叶、百里香、藏红花、对虾、辣椒和鱼片。加入鱼汤和橙汁煮沸，煮 40 分钟。
    b) 将汤液化，通过筛子放入干净的平底锅中，用勺子的背面尽可能多地压出液体。将汤放回火上，用辣椒、盐和胡椒调味。
    c) 将汤舀入温热的盖碗中，将面包丁、帕尔马干酪和肉卷分别放入不同的菜肴中。
    d) 要制作面包丁，将 1 个法式面包切成薄片，然后用橄榄油将切片煎至金黄酥脆。用厨房纸沥干水分，然后在每片的一侧擦一瓣大蒜。

72. 巴西酱箭鱼

产量：4 份

成分

- 2 磅箭鱼牛排
- 1 汤匙河口炸药
- 1 汤匙橄榄油
- 巴西酱
- $\frac{1}{4}$ 杯切碎的洋葱；装饰用

a) 在箭鱼排的两面撒上 Bayou Blast，然后用手揉搓。

b) 在一个大煎锅中用高温加热油。加入箭鱼,煎至半熟,每边约 3 分钟。

c) 上菜时,将箭鱼放在加热过的餐盘上,淋上巴西酱,撒上葱。

73. 用羽衣甘蓝包裹的鲶鱼

- 8 片漂白羽衣甘蓝叶
- 1 个番茄,切丁
- 1 杯去籽和切片的卡拉马塔橄榄
- 6 个葱,切碎
- 4-6 瓣大蒜,切碎
- 1 汤匙橄榄油
- 盐和现磨黑胡椒
- 4 片鲶鱼片,每片 8 盎司
- 装饰用柠檬角
- 煮熟的糙米

a) 预热烤架。

b) 将四片羽衣甘蓝叶放在工作台面上。在每片叶子上撒上一半的番茄、橄榄、大葱、大蒜、油、盐和胡椒粉。

c) 在每片叶子上放一个鱼片；把剩下的配料（如果需要，包括更多的盐和胡椒粉）撒在上面。

d) 在每个组合上放上剩余的四个果岭，并用牙签紧紧固定。

e) 放入涂有油的穿孔比萨饼盘中，将盘子放在烤架上，然后盖上盖子。烤 6 到 7 分钟。用抹刀轻轻翻面，再烤 4 到 5 分钟，直到略呈褐色。

f) 在四个盘子的每一个上放置一个口袋。在用柠檬角装饰之前取下牙签。与糙米一起食用。

74. 翻车鱼第戎

- ¼ 杯蛋黄酱
- 2 汤匙辣黄芥末
- ½ 个柠檬汁（约 1½ 汤匙）
- ¼ 杯玉米粉
- 1 茶匙切碎的新鲜龙蒿
- 1 汤匙黑胡椒粒
- 2-3 磅翻车鱼片

a) 预热烤架。

b) 将蛋黄酱、芥末、柠檬汁、玉米粉、龙蒿和胡椒粒混合在一个大碗中。

c) 将鱼片浸入混合物中,直到它们被彻底涂上。

d) 如果可能的话,把鱼片放在烤架上,把火调到中火。盖上盖子,煮 6 到 8 分钟。转身再煮 4 到 5 分钟,直到玉米粉稍微烧焦。立即上菜。

75. 烤蝴蝶鳟鱼

- 3 汤匙花生油
- 1 杯切成薄片的香菇
- 6-8 瓣大蒜,切碎
- 1-2 个塞拉诺辣椒,去籽,去肠
- 1 杯切碎的白卷心菜
- 1 个小胡萝卜,去皮切丝
- $\frac{1}{2}$ 杯鱼或鸡汤
- $\frac{1}{4}$ 杯低钠酱油
- 1 个柠檬汁(约 3 汤匙)
- 1 条蝴蝶鳟鱼(2 磅)
- 1 茶匙新鲜牛至
- 1 茶匙盐
- 1 茶匙现磨黑胡椒
- 煮熟的白米饭

a) 在大平底锅中加热 2 汤匙油，或用中高温炒锅。将蘑菇、大蒜和辣椒翻炒 3 到 4 分钟；加入卷心菜和胡萝卜，再炒 4 到 5 分钟，直到蔬菜彻底加热。

b) 倒入高汤，减少三分之一，大约 5 分钟。加入酱油，搅拌，然后将热量降低至低温以保持温暖。

c) 将剩余的 1 汤匙油和柠檬汁淋在蝴蝶鱼上，用牛至、盐和胡椒调味。

d) 将经过调味的鱼固定在金属丝网篮中。将篮子放在烤架上，煮 4 到 5 分钟；转身再煮 5 分钟，或直到肉不透明。

e) 从篮子里取出鱼；把它分成两份，把温热的酱汁舀在上面。立即与白米饭一起食用。

76. 红酒汁虹鳟鱼

- 2汤匙橄榄油
- 1个小茎芹菜,切碎
- 1个小韭菜,只有白色部分
- 1个小青椒,去籽
- ½磅蘑菇
- 1杯博若莱或其他丰盛的红酒
- 6汤匙新鲜牛至,切碎
- 1茶匙番茄酱
- 1整条虹鳟
- 1杯浓奶油
- 1茶匙盐和胡椒

a) 在烤盘或大平底锅中用中高温加热油，然后加入芹菜、韭菜、甜椒和蘑菇。搅拌并炖约 15 分钟。

b) 加入葡萄酒、2 汤匙牛至、2 汤匙百里香和番茄酱。减少一半，10 到 12 分钟。从火上移开，盖上盖子，放在一边。

c) 用刷子或烹饪喷雾，在鳟鱼上均匀涂抹一些油，然后放在涂了油的烤架上。盖上盖子，每边煮 8 到 10 分钟。

d) 与此同时，用中火将红酒酱放回燃烧器中。加入奶油并经常搅拌以防止燃烧。将液体减少约三分之一；这应该需要 15 分钟左右。

e) 将鱼转移到红酒酱锅中，在鳟鱼上涂上酱汁。盖上盖子，用小火炖约 5 分钟，直到完全加热。在上面撒上剩余的牛至、百里香、盐和胡椒粉，然后转移到盘子里。

f) 将鱼去骨并分成盘子。与柠檬角一起食用。

77. 芥末酱熏鳟鱼

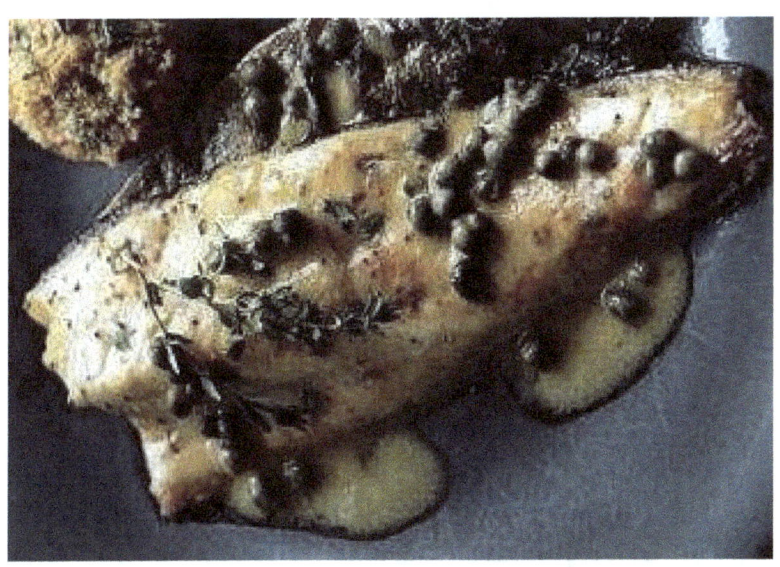

- 1-2 磅湖鳟鱼片
- 1 汤匙橄榄油
- 1 个中等大小的洋葱，粗切
- ½ 个小番茄，切丁
- ½ 杯 Gaeta 或 kalamata 橄榄，去核并减半
- ½ 杯干白葡萄酒
- ¼ 杯新鲜百里香，切碎
- 2 汤匙第戎芥末
- 1 茶匙新鲜牛至，切碎
- 1 茶匙现磨黑胡椒
- 柠檬片

a) 准备一个烤架进行烟熏烧烤。

b) 将鱼片放在烟熏机凉爽的一侧。盖上盖子，吸烟约 45 分钟。转动并继续吸烟 45 分钟，或直到肉摸起来很硬。

c) 关掉暖气，把鱼片放在烤架顶部的加热架上，然后盖上盖子。

d) 为了制作酱汁，在油中，将洋葱、番茄和橄榄放入一个未盖的大平底锅中，用中火炒 4 到 5 分钟。搅拌。

e) 慢慢加入葡萄酒、百里香、芥末、牛至和胡椒。搅拌和煨，裸露的，4 到 5 分钟，或直到减少一半。

f) 把鳟鱼分成四块；放在温暖的盘子上，勺子放在一边。与柠檬角一起食用。

78. 血橙烤鲈鱼

- 2磅鲈鱼鱼片（4到8片鱼片，取决于大小）
- ½ 橙汁（约4汤匙）
- 1汤匙纯枫糖浆
- ½ 茶匙海盐
- 切碎的葱作装饰
- 血橙沙拉
- 煮熟的碾碎干小麦或珍珠大麦

a) 将鱼片、橙汁、枫糖浆和盐混合在一个容器中。盖上盖子冷藏 30 分钟。

b) 预热烤架。

c) 从容器中取出鱼片，拍干，放在涂了油的烤架上。煮 3 到 4 分钟。转动并再煮 4 分钟，或者直到鱼片摸起来很硬。

d) 用葱装饰。立即与血橙沙拉和碾碎干小麦一起食用。

79. 葡萄烤大眼鱼

- 1½ 到 2 磅大眼鱼片
- 2½ 杯毛茸茸的鬃毛
- ½ 杯冷冻白葡萄汁
- ½ 杯橙味利口酒
- 4 汤匙无盐黄油
- 1 杯地球葡萄，切成两半
- 2 汤匙现磨黑胡椒
- 1 个橙子的热情

a) 用油刷鱼片的烤架和皮肤侧。将鱼片煮 4 到 5 分钟。转身再煮 3 到 4 分钟，或者直到肉摸起来很硬。转移到保温架上并保持温暖。

b) 与此同时，为了制作酱汁，将黄油中的蘑菇放入非反应性平底锅中炒至蘑菇变软。加入葡萄汁和利口酒。把火调到中高，煮 5 到 6 分钟，或者直到液体减少约三分之一。

c) 加入葡萄、胡椒和 $\frac{1}{2}$ 的果皮，搅拌 1 到 2 分钟。

d) 将大眼鱼分成四块。把酱汁舀到四个盘子里，把鱼片放在上面。

e) 用剩下的橙皮装饰，立即上菜。

80. 大眼薯饼

- 1磅大眼鱼片
- 2个中等大小的育空土豆，去皮切丝
- ½杯切碎的红洋葱
- ¼杯重奶油
- 2汤匙通用面粉
- 2汤匙第戎芥末
- 2汤匙磨碎的帕尔马干酪
- 1茶匙菜籽油
- 4汤匙无盐黄油

a) 预热烤架。

b) 将鱼片每边烤 4 到 5 分钟，直到变硬且不透明。让其冷却，然后将鱼片切成薄片并放在一边。

c) 在一个大碗中轻轻混合鱼片、土豆、洋葱、奶油、面粉、芥末和帕尔马干酪。

d) 在砧板上，将团块做成一个大馅饼，小心不要把它弄碎。它应该像一个超大的煎饼。

e) 在大平底锅中用中高温加热油和 2 汤匙黄油。用两把抹刀小心地将肉饼放入煎锅中。用中火炒至棕色，大约 10 分钟。

f) 轻轻转动肉饼并点上剩余的黄油。再炒 10 分钟，或者直到土豆完全变成褐色。

g) 切成四个楔子，趁热食用。

81. 花生腌安康鱼

- 1罐（14盎司）无糖椰奶
- 3汤匙脆花生酱
- 3汤匙黑酱油（在亚洲市场或一些超市的亚洲区有售）
- 1.5磅安康鱼腰
- 1茶匙植物油
- 4-5瓣大蒜，切碎
- 2汤匙切碎的新鲜生姜
- ½杯苹果酒
- 4-6个大葱，切碎

a) 在一个非反应性容器中,将椰奶、花生酱和酱油混合在一起。在混合物中腌制腰部 1 到 2 小时,盖上盖子,放入冰箱。

b) 从腌料中取出里脊,沥干,放在一边。丢弃腌料。

c) 预热烤架。

d) 将安康鱼里脊放在涂了油的炉排上。烤 6 到 8 分钟;转身再烤 6 到 8 分钟,或者直到用手指按压腰部感觉紧实。

e) 在一个大平底锅中用中火加热油。将大蒜和生姜炒 2 至 3 分钟,或直至变软。加入苹果酒,搅拌 1 分钟,然后撒上葱。关掉暖气。

f) 将腰部分成四份。将酱汁舀在每一个上,立即上桌。

82. Monkfish-柿子口袋

- 4 片开胃白菜叶，煮熟
- 1 茶匙芝麻油
- 1 茶匙芝麻
- 1 个小墨西哥胡椒，切碎
- 1 个中等大小的红洋葱切成 16 片
- 2 个新鲜柿子，每个切成 8 片
- 1 磅安康鱼腰
- ½ 茶匙碎黑胡椒粒
- 盐少许

a) 将卷心菜叶平铺，刷上一半芝麻油，撒上一半芝麻和墨西哥胡椒。

b) 在每片卷心菜上放两片洋葱和两片柿子，使洋葱紧贴卷心菜叶。

c) 在洋葱和柿子片上放一条鱼。上面放上剩下的柿子和洋葱。

d) 刷上剩余的油，撒上剩余的芝麻和墨西哥胡椒。用胡椒粒和盐调味。

e) 将卷心菜叶的两侧拉到信封上，然后用牙签固定。拉过两端并用另一个牙签固定。

f) 将口袋放在烤架上，以烟盘为中心。煮 10 到 12 分钟。偶尔用水浇灭火焰。

g) 转动口袋，再煮 10 分钟。

83. 海鲜烤银鱼

- 1个柠檬皮和 $\frac{1}{2}$ 个柠檬汁
- $\frac{1}{4}$ 杯低钠酱油
- 2汤匙黑胡椒粒
- 2磅银鱼片
- $\frac{1}{2}$ 杯海鲜酱
- 切碎的韭菜作装饰
- 切碎的红辣椒作装饰

a) 把柠檬皮和果汁搅拌在一起，酱油，把胡椒粒放在一个小碗里。

b) 把腌料倒在鱼片上，冷藏30分钟。

c) 预热烤架。

d) 从腌料中取出鱼片，沥干，拍干。用抹油刷在银鳕鱼的两面刷上一半的海鲜酱。

e) 将鱼片直接放在火上煮4分钟。刷上剩余的酱汁并转动。再煮4分钟，或直到摸起来稍微柔软。少见的烤鱼时间较短，做得好的烤鱼时间较长。

f) 把鱼分成四个盘子,用韭菜和红辣椒装饰,立即上桌。

84. 椰奶烤大比目鱼

- 4块大比目鱼牛排，1英寸厚，约2磅
- 1汤匙植物油
- 4-6瓣大蒜，切碎
- ¼杯切碎的新鲜生姜
- ¼杯切碎的墨西哥胡椒
- 1-2条鳀鱼片，切碎
- ¾杯鸡汤
- ½杯椰奶，不加糖
- 1/3杯番茄酱
- ¼杯黑酱油
- 现磨黑胡椒
- ½个番茄，切丁
- 1汤匙纯枫糖浆
- 2杯米粉
- 1汤匙芝麻油
- 6-8个大葱
- 柠檬片

a) 将大比目鱼放在涂了油的炉排上烤约实际所需时间的四分之三，每边 3 到 4 分钟。

b) 在一个大平底锅或炒锅中加热油，用中火炒大蒜、生姜、墨西哥辣椒和凤尾鱼 3 到 4 分钟。

c) 加入高汤、椰奶、番茄酱、酱油和黑胡椒调味；用中火煨 7 至 8 分钟，或直至减半。加入切丁的番茄，再炖 3 到 4 分钟。

d) 将面条放入麻油中炒至温热。从锅中加入大约三分之一的酱汁并混合在一起。

e) 将热烤大比目鱼牛排和剩余的酱汁一起放入锅中，将酱汁舀在牛排上，然后翻面。

f) 将葱撒在大比目鱼上，与面条和柠檬角一起食用。

85. 柠檬冰糕-上釉鲯鳅

- 2 杯冷冻柠檬冰糕
- 1 个大柠檬汁（3 到 4 汤匙）和 1 个大柠檬皮（约 1 汤匙）
- 2 磅鲯鳅鱼片，1 英寸厚
- 切碎的新鲜香菜装饰

a) 预热烤架。

b) 在 4 夸脱平底锅或大平底锅中用中高温将冰糕融化 4 到 5 分钟。

c) 加入柠檬汁和一半的果皮，转小火慢炖，减少三分之一，约 8 分钟。

d) 从火上移开，放在一边冷却。

e) 把鱼片放在盘子里,用勺子舀一半冷却的酱汁,彻底涂上。

f) 将牛排转移到烤架上,煮 4 到 5 分钟。转动,在上面刷上保留的酱汁,再煮 5 分钟,或者直到鱼摸起来很硬。

g) 用剩余的柠檬皮和香菜装饰。

86. 罗非鱼和咖啡屋馅

- 2个百吉饼,切成小块
- 1个烤饼,碎成碎片
- 1个羊角面包,碎成碎片
- ¼ 小红洋葱,粗切
- 1个中等大小的橙子,切成块
- 4个大鸡蛋
- 盐和现磨黑胡椒
- 2磅罗非鱼
- 1个柠檬,四分之一

a) 在食品加工机的碗中,将百吉饼块、烤饼块、羊角面包块、洋葱、橙块、鸡蛋、盐和胡椒粉搅拌 10 到 15 秒,或直到配料完全混合在一起,但没有变成泥. 您可能需要分两到三批进行此操作。把馅料放在碗里。

b) 布置四块单独的箔片。在每个鱼片上放一块罗非鱼,然后在每个鱼片上舀一层 $\frac{1}{2}$ 英寸厚的馅料(每个鱼片大约用 $\frac{1}{2}$ 杯)。在每个人身上挤上四分之一的柠檬。您可能有剩余的馅料,可以冷冻以备其他用途。

c) 将顶部的箔纸捏在一起。将铝箔包放在烤架上,高温加热。煮约 10 分钟。您可能需要检查填料是否彻底加热;如果没有,回到烤架(并小心翻身)再烤 4 到 5 分钟。

d) 从烤架上取下来,让客人打开包装,自己取出里面的东西,这样会更有节日气氛。

87. 咖喱烤鲳鱼

- 1汤匙橄榄油
- 1个中等大小的洋葱，切碎（约1杯）
- 4-5瓣大蒜，切碎
- 1汤匙切碎的高良姜（或生姜）
- ½杯淡椰奶
- 2支柠檬草，擦伤（或2条柠檬皮宽条）
- 1茶匙辣椒粉（或辣酱调味）
- 1茶匙咖喱粉
- 1茶匙姜黄粉
- ½茶匙肉桂粉
- 1.5磅鲳鱼片，约1英寸厚
- ½个柠檬汁（约1½汤匙）
- 柠檬片

a) 在一个大平底锅中用中高温加热油。将洋葱、大蒜和高良姜炒 3 到 4 分钟。

b) 加入椰奶、柠檬草、辣椒粉、咖喱粉、姜黄和肉桂。煮约 5 分钟，或直到液体减少三分之一。把热量降到最低。

c) 预热烤架。

d) 将鱼片放在涂了油的烤架上，在上面淋上柠檬汁，煮 4 到 5 分钟。转身再煮 4 到 5 分钟，或者直到鱼摸起来很硬。

e) 从烤架上取下鱼片，用勺子舀上热酱汁，分成四份，立即与柠檬角一起食用。

88. 番茄罗勒蓝鱼

- 2 磅蓝鱼片
- 2 个酸橙汁和 1 个酸橙皮
- 2 茶匙海盐
- 4-5 个中等大小的西红柿，切丁
- 1 杯切碎的新鲜罗勒
- $\frac{1}{4}$ 杯优质特级初榨橄榄油
- 1 汤匙现磨粉红色和绿色胡椒粒
- 3-4 瓣大蒜，切碎

a) 将鱼片放在无腐蚀的容器中,盖上 1 份酸橙汁(约 2 汤匙)和 1 茶匙盐。冷藏 30 分钟。

b) 将剩余的 2 汤匙酸橙汁、1 茶匙盐和西红柿、罗勒、油、胡椒粒、大蒜和果酱混合在一个大碗中。搅拌均匀,放在一边。

c) 预热烤架。

d) 从腌料中取出蓝鱼片,沥干,然后转移到烤架上。

e) 将鱼片直接放在火上煮 5 分钟;转身再煮 5 分钟,或者直到鱼摸起来很硬。

f) 把鱼片转移到热盘子里,把酱汁浇在每个盘子上,立即上菜。

89. 羊肚菌烤鲥鱼

- 2 汤匙无盐黄油
- 1 茶匙橄榄油
- 2 杯羊肚菌,清洁并切片
- ½ 茶匙海盐
- 1 汤匙现磨黑胡椒
- 1 汤匙白兰地
- 1 个无骨鲥鱼片,约 1 磅

a) 在中等大小的平底锅中用中高温融化黄油。加入油,将羊肚菌、盐和胡椒粉炒 8 到 10 分钟(如果大,则 12 到 15 分钟),盖上盖子。

b) 揭开,加入白兰地,如果使用的话,减少大约三分之一,2 到 3 分钟。关掉暖气,但在低温下保持温暖。

c) 把鱼片放在涂了油的烤架上。煮 4 到 5 分钟;转身再煮 4 到 5 分钟,或直到鱼不透明。分成两半,转移到两个温暖的盘子里。把羊肚菌舀到一边。

90. 烟熏鲥鱼子

- 新鲜鲥鱼子在自己的囊中,每人 $\frac{1}{2}$ 到 1 囊
- 柠檬片

a) 准备一个烤架进行烟熏烧烤。

b) 用烹饪喷雾慷慨地喷洒架子和鱼子囊的底部。将袋子放在烤架凉爽一侧的重度涂油的 12 英寸铝制方块上。盖上盖子吸烟 1.5 小时。

c) 用抹刀小心地取出，立即与柠檬角一起食用。

91. 烟熏鲥鱼配西班牙凉菜汤

- 1个柠檬汁
- 2磅无骨鲥鱼片
- 2汤匙黑胡椒粒
- 1汤匙海盐
- 1罐（14½盎司）炖西红柿
- 1汤匙橄榄油
- 2茶匙苹果醋
- ½茶匙香菜粉
- ½茶匙孜然粉
- ½茶匙辣酱，如果需要，可额外添加
- ½茶匙干牛至
- 1个英国黄瓜
- 1个小青椒，粗切
- 1个小甜白洋葱，粗切
- 8瓣大蒜，切碎

- 1 个中等大小的番茄，粗切

a) 将 1½ 汤匙柠檬汁淋在鲆鱼片上，并用 1 茶匙胡椒粒和 ½ 茶匙盐调味。

b) 在烤架凉爽的一面吸烟 1.5 小时，或直到鱼片呈现金黄色但保持柔软。取出并冷藏至少 12 小时。

c) 制作西班牙凉菜汤时，将剩余的柠檬汁、胡椒粒、盐和炖番茄、油、醋、香菜、孜然、辣酱和牛至在食品加工机的碗中搅拌四到五次。

d) 加入一半黄瓜、一半辣椒、一半洋葱和一半大蒜。脉冲五六次，然后转移到一个大碗里。

e) 加入番茄和剩余的切碎蔬菜，充分搅拌。盖上盖子并转移到冰箱中至少 12 小时。

92. 茶叶——烟熏红鲷鱼

- 6 汤匙干红茶叶
- 3-4 八角茴香，压碎
- 4-6 瓣大蒜，切碎
- 2 汤匙肉桂粉
- 2 汤匙低钠酱油
- 1 汤匙纯枫糖浆
- 1 条整条鲷鱼，$2\frac{1}{2}$ 到 3 磅，去骨和蝴蝶
- 爸爸的木瓜酸辣酱
- 煮熟的糙米

a) 准备一个烤架进行烟熏烧烤。

b) 将茶叶、茴香、大蒜、肉桂、酱油和枫糖浆混合成糊状。用抹刀将糊状物擦到鱼肉上。

c) 用烹饪喷雾或刷子给炉排和鲷鱼皮上油。将鲷鱼放在烤架凉爽的一侧并盖上盖子。吸烟 $1\frac{1}{4}$ 小时；转身再抽 $1\frac{1}{4}$ 小时，或直到鱼呈金黄色。

d) 将鲷鱼从火上移开，将每一面分成两份，立即与 Papa's 木瓜酸辣酱和糙米一起食用。

93. 茴香熏黄尾鱼

- ½ 茎新鲜茴香，纵向切成两半
- 2 磅黄尾鱼片
- 柠檬片
- 莳萝芥末酱

a) 准备一个烤架进行烟熏烧烤。

b) 将大约 2 杯干玉米粒放在烟盘中央或 18 英寸见方的重型铝箔上。将茴香放入玉米的中心。覆盖并直接放在热源上。

c) 等到玉米和茴香开始冒烟，大约 10 分钟。将黄尾鱼片放在烤架凉爽的一面，放在涂油的炉排上。盖上盖子，熏 1 到 1.5 小时，或直到鱼呈微金黄色。仅偶尔掀开盖子以检查火焰。必要时浇水。

d) 将鱼片从火上移开，分成四份，趁热与柠檬角和莳萝芥末酱一起食用。

94. 烟熏黄花鱼

- ½ 杯橄榄油
- 1 个柠檬汁
- 2 汤匙切碎的牛至
- 2 汤匙切碎的百里香
- 1 茶匙盐
- 1 汤匙现磨黑胡椒
- 2 磅黄花鱼片
- 爸爸的木瓜酸辣酱

a) 将油、柠檬汁、牛至、百里香、盐和胡椒放入一个大搅拌碗中搅拌。

b) 将黄花鱼放入 1 加仑可重新密封的塑料袋或玻璃烤盘中。把腌料倒在鱼上，冷藏 1 到 2 小时。

c) 准备一个烤架进行烟熏烧烤。

d) 从腌料中取出黄花鱼，拍干，放在烟熏机凉爽的一面。盖上盖子，吸烟约 1 小时。烤架温度应保持在 200 至 250°F。

e) 如有必要，补充玉米或木片，转动鱼，再吸烟 1 至 1.5 小时，或直到鱼片呈金黄色。与 Papa's 木瓜酸辣酱一起趁热食用。

95. 与藏红花和苏丹娜一起滑冰

服务 4

- 2 个去皮和修剪过的滑板翅膀
- 100 毫升特级初榨橄榄油
- 6 瓣大蒜,切碎
- 1 x 400g 罐装优质李子西红柿
- 30 克(1¼ 盎司)葡萄干
- 一撮藏红花丝
- 一撮碎干辣椒
- 2 片新鲜月桂叶
- 1 茶匙细砂糖
- 1 茶匙小刺山柑,沥干并冲洗干净

a) 先做酱汁。将橄榄油和大蒜放入一个中等大小的平底锅中。放在中火上，一旦大蒜开始发出嘶嘶声，加入西红柿、苏丹娜、藏红花、干辣椒、月桂叶、糖和 $\frac{1}{2}$ 茶匙盐。用文火慢炖 30 分钟，不时搅拌，用木勺把西红柿打碎。去除月桂叶，用盐和胡椒调味，并保持温暖。

b) 将 1.5 升（$2\frac{1}{2}$ 品脱）水放入一个大的浅锅中煮沸。加入 1 汤匙盐和鳐鱼翅，文火慢炖 10 分钟直至煮熟。

c) 将溜冰鞋的翅膀从水中提起，放到一块板上，然后将每一个切成两三块。将一半以上的番茄酱舀到加热的椭圆形盘子底部，然后将冰刀放在上面。把剩下的酱汁舀到冰刀的中心，撒上刺山柑，然后上桌。

96. 约翰多利杂烩

服务 4

- 500 克（1 磅）贻贝，洗净
- 150 毫升（¼ 品脱）康沃尔苹果酒
- 25 克（1 盎司）黄油
- 100g 无皮烟熏五花肉
- 1 个小洋葱，切碎
- 20g (¾oz) 普通面粉
- 1 升（1¾ 品脱）全脂牛奶
- 2 个土豆
- 1 片月桂叶
- 225 克（8 盎司）约翰多利鱼片
- 120ml 双重奶油
- 一撮辣椒

- 盐和现磨白胡椒
- 2 汤匙新鲜切碎的欧芹

a) 将清洗干净的贻贝和苹果酒放入一个中等大小的平底锅中，用大火加热。盖上盖子煮 2-3 分钟或直到它们刚刚打开，偶尔摇晃锅。

b) 在另一个平底锅中融化黄油，加入培根，煎至微金黄色。加入洋葱，轻轻煮 5 分钟或直到洋葱变软。

c) 拌入面粉，煮 1 分钟。逐渐加入牛奶，然后加入除了最后一汤匙或两汤匙的贻贝烹饪液。加入土豆、月桂叶和 1 茶匙盐，用文火炖。

d) 取出月桂叶，加入约翰多利鱼片，炖 2-3 分钟或直到鱼刚刚煮熟。拌入双层奶油。

e) 从火上移开，加入贻贝搅拌。

97. 柠檬鳎鱼

服务 4

- 450 克（1 磅）去皮柠檬鳎鱼片
- 100 克（4 盎司）新鲜白面包屑
- 25 克（1 盎司）帕尔马干酪，细磨
- ½ 茶匙 辣椒粉
- 葵花籽油，用于油炸
- 50 克（2 盎司）普通面粉
- 3 个鸡蛋，打散
- 柠檬角，服务

a) 将鱼片斜切成约 2.5 厘米（1 英寸）宽的条。将面包屑与磨碎的帕尔马干酪和辣椒粉混合，然后放在一边。将一些用于油炸的油加热至 190°C/375°F

或直到一块新鲜面包在一分钟内变成褐色。在烤盘上铺上大量厨房用纸。

b) 一次在面粉中涂上几片，然后在打好的鸡蛋中，最后在面包屑混合物中，确保它们都涂上均匀的涂层并保持分开。

c) 将一小把 goujons 放入油中，炸约 1 分钟，直至酥脆呈金黄色。用漏勺将其取出，放在铺有纸的烤盘上沥干，然后用剩余的鱼重复上述步骤，确保油首先恢复到温度。

d) 将 goujons 堆在四个加热的盘子上，并用柠檬角装饰。如果您愿意，可以搭配混合整叶或香草沙拉，只需加少许特级初榨橄榄油和一些调味料即可。

98. 黑线鳕班尼迪克蛋

服务 4

- 300 毫升（½ 品脱）牛奶
- 3 片月桂叶
- 2 片洋葱
- 6 个黑胡椒粒
- 4 片烟熏黑线鳕鱼片
- 1 汤匙白葡萄酒醋
- 4 个鸡蛋
- 2 个英式松饼
- 优质荷兰酱，上桌
- 配菜
- 粗碎的黑胡椒粒
- 一些切碎的新鲜韭菜

a) 将牛奶和 300 毫升水放入浅锅中煮沸。加入月桂叶、洋葱、胡椒粒和烟熏黑线鳕片,用文火煮 4 分钟。将黑线鳕取出放在盘子上,剥去外皮并保温。

b) 在一个中等大小的平底锅中煮沸约 5 厘米(2 英寸)的水,加入醋,然后用文火慢炖。将鸡蛋一次一个地打入锅中,然后煮 3 分钟。与此同时,将松饼切成两半,然后烤至浅棕色。用漏勺将荷包蛋捞出,在厨房用纸上沥干水分。

c) 服务时,将松饼的一半放在四个加热过的盘子上,在上面放上黑线鳕和荷包蛋。用勺子舀上荷兰酱,撒上一点黑胡椒粉和切碎的细香葱。

99. 日式生姜鱼饼

服务 4

- 3 条虹鳟鱼，切块
- 4 厘米（1.5 英寸）新鲜生姜片
- 3 个肥葱，切碎
- 4 个栗子蘑菇，切碎
- 少许油，用于煎炸
- 给沙拉用的
- 100 克（4 盎司）火箭
- 2 茶匙黑酱油
- 1 茶匙烤芝麻油
- 1 茶匙冷水
- 一小撮白砂糖

a) 将**鳟鱼**鱼片去皮，然后用针刺骨，然后将它们纵向切成细长的条状。现在把这些条捆在一起，然后把它们切成很小的块——你不应该把鱼做成很细的糊状物，但也不应该太粗糙，否则它不会粘在一起。

b) 将鱼与姜、葱、蘑菇和一些盐和胡椒一起放入搅拌碗中。充分混合，然后将混合物分成八份，用微湿的手揉成直径约 7.5 厘米（3 英寸）的肉饼。

c) 用中火加热一个涂了少许油的不粘锅。加入鱼饼，每面煎约 1.5 分钟，直至金黄色并煮熟。放在加热的盘子上，把一些火箭堆在旁边。把剩下的沙拉原料搅拌在一起做调料，在火箭上淋一些毛毛雨，在盘子的外缘稍微淋一点。

100. 烤大比目鱼片

产量：4 份

成分

- 1.5 磅大比目鱼片；切成 4 份
- 盐; 去尝尝
- 现磨黑胡椒; 去尝尝
- 1 杯新鲜白面包屑
- 1 杯欧芹叶
- 2 蒜瓣
- 2 汤匙橄榄油

- 1 杯鸡汤

- 1 个红辣椒

- 2 杯煮熟的扁豆

a) 烤箱预热 425 度。用盐和胡椒调味大比目鱼。在食品加工机中加入面包屑、欧芹和大蒜，搅拌均匀。把鱼放在烤盘上，上下淋上橄榄油。将面包屑混合物厚厚地涂抹在鱼身上。

b) 烤鱼 8 到 10 分钟。烤鱼时，将肉汤和红辣椒片放入平底锅中，煮沸。减少并煮至胡椒变软，约 15 分钟。用盐和胡椒调味。从火上移开，冷却 5 分钟。倒入搅拌机中，将红辣椒酱打成泥 3 分钟直到丝滑。取出并通过一个细过滤器。

c) 将鱼放在热扁豆床上，淋上红辣椒酱。

结论

感谢您和我一起参加这次美食之旅!

南美美食为我们准备了许多美味的惊喜。凭借其欧洲、本土和非洲背景,巴西鱼类和海鲜确实是一种独特的体验。这个国家以其完美的海滩、热带森林、狂野的里约狂欢节和对美好生活的感觉一直吸引着来自世界各地的人们。

www.ingramcontent.com/pod-product-compliance
Lightning Source LLC
Chambersburg PA
CBHW050356120526
44590CB00015B/1710